Wie man mit der U-Bahn und mit dem RER die Hauptorten von Paris erreicht

Bestimmung	Linie	Haltestelle
Arc de Triomphe	A, 1, 2, 3	Ch. de Gaulle-Étoile
Bastille	1, 5, 8	Bastille
Beaubourg	1, 11	Hôtel de Ville
	11	Rambuteau
Champ-de-Mars	8	École Militaire
Champs-Élysées	1	George V
	1, 13,	Champs-Élysées-Clemenceau
	1, 9	Franklin D. Roosevelt
Cimetière du Père-Lachaise	2, 3	Père-Lachaise
	3, 3 bis	Gambetta
Conciergerie	4	Cité
	B, C	St-Michel-Notre-Dame
Défense	1	Esplanade de la Défense
	A	La Défense *Grande Arche*
Forum des Halles	4	Les Halles
	A, B, D	Châtelet-les Halles
Grand Palais	1, 13	Champs-Élysées-Clemenceau
Hôtel de Ville	1, 11	Hôtel de Ville
Île St-Louis	7	Pont Marie
Invalides	8	École Militaire
	C, 8, 13	Invalides
Luxembourg	4 - 10	Odéon
	B	Luxembourg
Madeleine	8, 12, 14	Madeleine
Montmartre	12	Abbesses
	2	Blanche
Montparnasse	4	Vavin
Musée Carnavalet	1	St-Paul
	8	Chemin Vert
Musée d'Orsay	C	Musée d'Orsay
Musée du Louvre	1, 7	Palais Royal-Musée du Louvre
Notre-Dame	4	Cité
	B, C	St-Michel-Notre-Dame
Opéra	3, 7, 8	Opéra
Palais Royal	1, 7	Palais Royal-Musée du Louvre
Panthéon	B	Luxembourg
Petit Palais	1, 13	Champs-Élysées-Clemenceau
Place de la Concorde	1, 8, 12	Concorde
Place Vendôme	3, 7, 8	Opéra
Rue de Rivoli	1, 8, 12	Concorde
	1	Louvre-Rivoli
Sacré-Cœur	12	Abbesses
Sorbonne	4 - 10	Odéon
	10	Maubert Mutualité
Ste-Chapelle	4	Cité
St-Eustache	4	Les Halles
	A, B, D	Châtelet-Les Halles
St-Sulpice	4	St-Sulpice
	10	Mabillon
Tour Eiffel	C	Champ-de-Mars-Tour Eiffel
	6	Bir hakeem
Versailles	C5	Versailles-Rive Gauche *Château de Versailles*

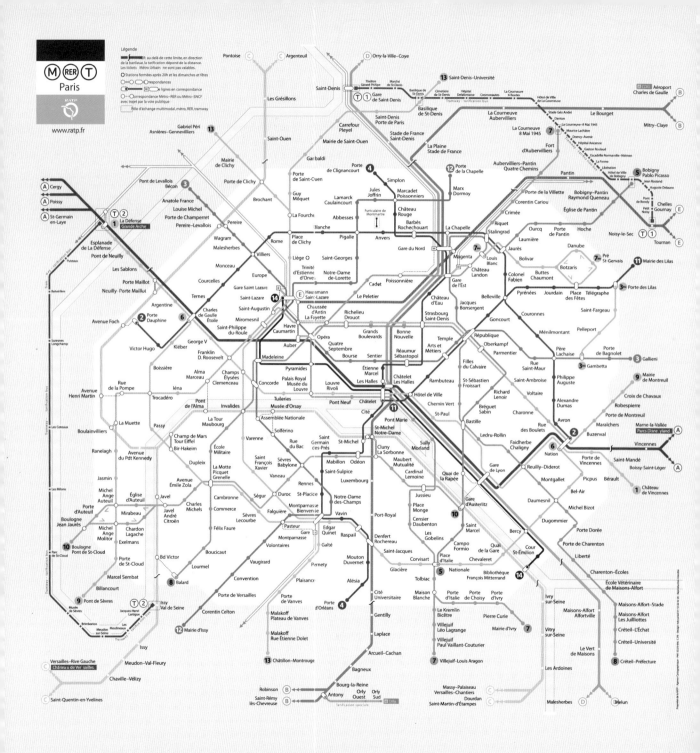

Der Reiseführer von
Paris

http://www.paravision.org
info@paravision.org

Verzeichnis

IV. REISEWEGE

*D*as Vorhandensein menschlichen Lebens in Paris hat im fünften vorchristlichen Jahrtausend begonnen, wie es durch die aus diesem Zeitalter stammenden Gebeinen der vom Menschen verjagten Hirschen und Rentiere bestätigt wird, die im Jahr 1886 in einer Steingrube in Beaugrenelle aufgedeckt wurden.

Überreste Landlebensraumes und neolithischer Gräber sind ebenfalls in den Gängen von Louvre bei Ausgrabungen exhumiert worden, die Anfang des XX. Jahrhunderts unternommen wurden.

Die ersten sesshaften Einwohner von Paris waren Wanderjäger, die beschlossen, sich hier wegen des günstigen Klimas und der Präsenz von der Seine aufzustellen. Ein Fluss, der eine natürliche Zuflucht auf der Seine-Insel «Insel der Stadt» anbietet, der im Laufe der Zeit das historische Herz der Hauptstadt geworden ist.

Die Seine bot auch die Möglichkeit an, sich weitgehend mit dem Schiff zu verbreiten und stellte den Vorteil dar, während des ganzen Jahres schiffbar zu sein. Somit entwickelte sich der Handelsverkehr schnell und Paris wurde zu einem wahren kreuzfahrtweg.

>> *Die Seine*

Die ersten echten «Pariser» waren die Mitglieder eines gallischen Stammes Namens «Parisii», der sich gegen 250 vor Jesus Christus in Paris niederließ und den keltischen Galliern folgte, die die ersten historischen Bewohner waren.

In dieser Epoche trug Paris den Namen «Lutetia= Sumpfebene» und wurde durch den Transit der Produkte und der Waren aus dem ausgedehnten römischen Imperium ein wirklicher Austauschort. Lutetia trug danach den Namen «Parisii-Stadt», bevor es im 5. Jahrhundert n.Ch. definitiv «Paris» wurde.

Nach der Eroberung Lutetias durch die Römer im Jahr 52 v. Ch. bekam der Prokonsul Labiénus die Aufgabe, die Stadt zu verwalten. Er engagierte sich dann für eine Politik der Toleranz im religiösen Bereich und beabsichtigte, von Lutèce eine Handelshauptachse für das Imperium zu machen. Er verpflichtete sich dann zu einer friedlichen Zusammenlebensperiode zwischen Galliern und Römern, die mehrere Jahrhunderte dauern wird. Es blieb wenig Überreste von der alten gallo-römischen Stadt, nur die alten pariser Thermalbäder beim Museum des Mittelalters, Rue de Cluny, geben darüber Auskunft.

Mit dem Fall des römischen Imperiums im Jahr 476 verlor die Bevölkerung von Paris ihren Beschützer. Als Attila, Gottes Plage genannt, Paris im Jahr 451 drohte, verlangte eine junge Frau namens Geneviève von den Parisern nicht zu fliehen, sondern eher zu beten. Angesichts des Zorns und der Bedrohungen der am meisten Verängstigten blieb Geneviève unempfindlich; sie sah in ihren Gebeten, dass Paris nicht zerstört würde. Die Pariser flohen

>> *Die römischen Thermen von Cluny*

nicht, und die Vorhersage heiliger Genevièves
verwirklichte sich: die Hunnen steuerten
Richtung Orleans und wurden auf den
Katalunischen Feldern geschlagen. Seitdem
bat jeder die ehemalige Hirtin um Hilfe.

Später rettete sie Paris vor anderen
Barbaren, die vom Osten gekommen
waren, nämlich vor den Franken,
indem sie den Belagerten Versorgung
lieferte, was ihr den Titel heilige
Schirmherrin von Paris zu verleihen, Wert
sein konnte. Der heute von Pantheon beherrschte Hügel Sainte-
Geneviève in Paris ruft dies ins Gedächtnis zurück.

Chlodwig, König der Franken, schaffte es, die Stadt im Jahr 508 und
später ein ausgedehntes Gebiet, das später «Frankreich» werden sollte,
zu erobern. Er wählte, sich in Paris niederzulassen, um sein Königreich
zu führen und beschloss, zum Christentum überzutreten, indem er sich
taufen ließ. Anpassend unterschieden sich die Franken von den anderen
Barbaren und erhielten die Unterstützung der gallisch-römischen
Geistlichkeit. Chlodwig beschloss ebenfalls, sich an den Seiten von
Sainte-Geneviève in der Basilika von Saint-Denis im Norden von Paris
begraben zu lassen. Diese Nachkommen, die Merowinger, werden
Paris als ihre Hauptstadt weiterhin betrachten.

Ab 751 n.Ch. lösten die Karolinger den Merowingern ab. Letztere
hatten ihre Wurzeln mehr im Osten, um den Rhein, das Zentrum der
Macht verschob sich nach Metz, dann nach Aachen. Trotzdem
behielten die karolingischen Könige, außer Charlemagne, die
Tradition bei, sich am heiligen Denis begraben zu lassen, der folglich
die Häute aller Könige von Frankreich empfangen wird.

Als Gozlin, Abt von Saint-Denis, im Jahr 882 Odo, Sohn von Robert
dem Starken, als Grafen von Paris ernennen ließ, wurde die Macht
der Karolinger durch eine zweite Welle der Invasion normannischen
und ungarischen Ursprungs zerbrechlich. Graf Odo glänzte bei der
Verteidigung der von den Normannen belagerten Stadt Paris. Obwohl
Odo kein Karolinger war, wurde er im Jahr 888 von den Großen vom
Königreich zum westfränkischen König gewählt, denn er erwies sich
als einen unerschrockenen Führer im Kampf gegen die Normannen.
Das westfränkische Königreich dehnte sich auf die Territorien aus,
die durch die Franken besetzt wurden, und die westlich der Maas fast
im Norden vom aktuellen Frankreich liegen ●

*D*er Urenkel von Odo, **Hughes Capet**, wurde im Jahr 987 König von Frankreich und gründete die kapetinische Dynastie, die bis zu Ludwig-Philippe herrschen wird, letzter König von Frankreich. Louis-Philippe trat in der Tat im Jahr 1848 nach drei Tagen Aufruhr zurück.

Paris wurde im zwölften Jahrhundert tatsächlich die Hauptstadt Frankreichs unter dem Drang der vornehmsten Kapetingern, die beschlossen, Konstruktionen anzufertigen, die die Anhänglichkeit ihrer Dynastie in der Stadt symbolisieren sollten.

Somit wurde das mittelalterliche Schloss von Louvre, Ursprung des derzeitigen Museums, von 1190 bis 1202 von König Philippe-Auguste gebaut, der so seinen Wunsch zu verstehen gab, diese Stadt zu seiner Hauptstadt zu machen.

Später, es dauerte von 1243 bis 1248, ließ Saint-Louis die Sainte-Chapelle bauen und legte dort die Dornenkrone des Christus, die ihm der Kaiser von Konstantinopel gegeben hatte. Mit der Kathedrale Notre-Dame, die zwischen 1163 und 1270 gebaut wurde, bildet die Gesamtheit eine einmalige künstlerische und religiöse Kombination im Herzen von Paris.

Während des Mittelalters dehnte sich die Stadt aus und wurde zur größten Stadt Frankreichs. Ende dieser Periode erwarb Paris eine

>> *Notre-Dame von Paris*

außergewöhnliche Größe und ein außergewöhnliches Gewicht im Königreich und machte mit Neapel, die größte Stadt Europas, unglaublich 200.000 Einwohner aus.

François der Erste, Sohn von Charles de Valois-Orleans, dem Grafen von Angoulême und von Louise de Savoie löste im Jahr 1515 seinen

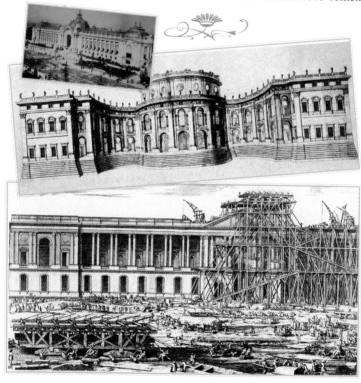

>> *Die Konstruktion von Louvre*

Vetter und Schwiegervater Ludwig XII. ab. Nachdem er «die italienischen Kriege» geführt hatte, beschloss er, sich von der Kunst der «italienischen Renaissance» inspirieren zu lassen.

Es lag in diesem Sinne, dass er mit den Arbeiten am Louvre begann. In erster Linie ließ er im Jahr 1528 den zentralen Wachtturm abreißen, wodurch ein großer zentraler Hof entstand. Danach beauftragte er im Jahr 1546 den Architekten Pierre Lescot, wichtige Änderungen vorzunehmen, um einen modernen Palast zu bauen. François der Erste gründete auch «das französische Kollegium» im lateinischen Viertel, und die Konstruktion eines Rathauses wurde ebenfalls programmiert, aber sie wurde nur fünfzig Jahre später unter der Herrschaft von Heinrich IV. vollendet.

Heinrich II., Sohn von François I., setzte die Arbeiten von Louvre fort und wohnte im Hotel der kleinen Türme und wartete ihre Vollendung ab. Dieser Wohnsitz wurde auf Befehl von Catherine de Médicis zerstört, nachdem Heinrich II., der durch Montgomery im Laufe eines Turniers verletzt wurde, dort starb. Sie beschloss dann zu kommen, in Louvre mit ihren Kindern zu wohnen und unternahm die Konstruktion eines größeren Palastes im westlichen Teil von Louvre, «die Ziegeleien», gemäß Entwürfe von den Architekten Philibert Delorme und Jean Bullant.

Unter der Herrschaft von Heinrich II. bauten Pierre Lescot und Bildhauer Jean Gougeon ebenfalls den «Brunnen der Unschuldigen», der in der Form eines Altars geplant war, der den Nympfen gewidmet ist. Im Herzen dessen, was ein mittelalterliches Viertel im sechzehnten Jahrhundert war, wo das Leben und der Tod sich täglich zusammenkamen, verkörperte dieser Brunnen den Geist von der Renaissance.

Zu dieser Zeit unternahm man ebenfalls die Trockenlegung des Sumpfviertels, wo man ein besonderes Hotel baute, das für den Parlamentspräsidenten bestimmt war, das heute das «Carnavalet-Museum» unterbringt, sowie die Kirchen Saint-Etienne des Berges, die in der Nähe des aktuellen Pantheons und Saint-Eustache stehen, die sich nahe bei den Markthallen befinden.

Diese Periode war durch die «Religionskriege» zwischen Katholiken und Protestanten geprägt, die am 24. August 1572 ihren Höhepunkt in der bekannten Nacht «Bartholomäusnacht» erreichte, in der zahlreiche Protestanten in Paris massakriert wurden.

>> *Die Nacht der Saint-Barthélemy*

Das Schloss Saint-Germain-en-Laye, das sich im Westen von Paris befindet, kannte ebenfalls wichtige Ausdehnungsarbeiten im selben Zeitalter, bis eine Gesamtoberfläche von 8.000 m2 im Jahr 1559. 1578 ließ Heinrich III. mit den Bauarbeiten «der neuen Brücke» beginnen, die die erste von Häusern nicht begrenzte Brücke geworden war. Die Arbeiten an dieser Brücke, die heute als die älteste Brücke von Paris zählt, sowie die Konstruktion des Rathauses wurden unter der Herrschaft von Heinrich IV. vollendet.

>> *Der Hof von Louvre*

>> *Les Tuileries (die Ziegeleien)*

Schon bei seiner Ankunft in Paris im Jahr 1594 beschloss **Heinrich IV.** Louvre mit den Ziegeleien in einem gigantischen Palast zu verbinden. Es war die «große Absicht», von der er die

erste Etappe ausführen ließ, nämlich die «große Galerie des Wasserrandes».

Was die Kais von Seine betrifft, sie wurden von den gegrabenen Abflüssen und der erhöhten Anzahl der Pumpen eingerichtet, darunter jenes sogenannte «Samariter», dessen Name an der Statue

>> *Die Neuf- Brücke*

stehen musste, die einen Brückenpfeiler der neuen Brücke schmückte. Seitens der Westspitze der Insel der Stadt zog man den «Dauphine-Platz» zu Ehren vom Thronfolger, dem künftigen Ludwig XIII.

Heinrich IV. beschloss, auf den Ruinen des Hotels der kleinen Türme den «Place Royal», heute Platz «der Vogesen» genannt, zu bauen. Diese Stelle war 1612 vollendet und der Sumpf wurde somit ein modernes Viertel, das kostbare in einem französischen Stil besondere Hotels hatte, und wo sich die Salons befanden ●

>> *Die Platz der Vogesen*

𝑱m Jahr 1615 vertraute **Maria von Medici**, Mutter des künftigen Ludwig XIII. den Architekten Salomon der Brosse die Konstruktion «des Palastes Luxemburg» an. Im Jahr 1625 fertiggestellt, musste Maria de Medici im Jahr der Vollendung auf Befehl ihres Sohnes Ludwig XIII. ihren Palast verlassen. Das war Ende der qualifizierten Episode «des Tages von dupes».

Kardinal Richelieu ließ vom Architekten, dem Kurzwarenhändler Le Mercier, den «Kardinalpalast» in der Nähe von Louvre bauen, der an seinem Tod zum Königtum wiedergehören und den königlichen Palastnamen «Palais Royal» nehmen wird. Er ließ ebenfalls die Kirche von Sorbonne bauen, mit einer Kuppel inspiriert von jener des Saint-Pierre in Rom und unter der sich sein Grab befindet.

Im Jahr 1626 beschloss **Ludwig XIII.** die Schaffung eines «königlichen Gartens für Heilpflanzen» in der Nähe vom lateinischen Viertel, der heute den Namen «Garten der Pflanzen» trägt.

>> Der Royal- Palast

Die Stadtbefestigung von Paris wurde noch vom jungen König erweitert, der ebenfalls die zwei kleinen Inseln in der Nähe von der Insel der Stadt vereinen ließ und so haben sie den Namen Insel Saint-Louis bekommen. Sie sind am rechten Ufer durch die Konstruktion einer neuen Brücke, die «Maria-Brücke».

Nach dem Tod des Königs im Jahr 1643 brach ein Bürgerkrieg durch den Aufstand der Fronde, «die Schleuder», unter der Herrschaft von **Anna von Österreich** aus. Dieser Aufstand zwang die königliche Familie, Paris zu verlassen, was das Misstrauen erklärte, das später Ludwig XIV. gegenüber den Parisern hatte und einer der Gründe seiner Entscheidung war, sich nach Versailles zurückzuziehen.

Ludwig XIV. wohnte wenig in Paris, sogar bevor er in Versailles residierte. Der «**Sonnenkönig**» vernachläßigte trotzdem die Stadt nicht, die damals fünfhunderttausend Einwohner zählte, indem er wichtige Modernisierungsarbeiten einleitete, insbesondere durch Niederlegung der fast unnötig gewordenen Mauern, um sie durch Boulevards zu ersetzen.

In der Tat hatte sich das Zentrum von Paris wenig seit dem Mittelalter geändert, aber die Stadt dehnte sich besonders auf das rechte Ufer aus. Die Beleuchtung der Straßen verbesserte sich sowie die Arbeit der Pariser Polizei, die durch Reynie geschaffen wurde. Im Jahr 1664 ließ der Großminister von Ludwig XIV., **Colbert**, die «königliche Gobelinmanufaktur» an den Ufern der Bibers bauen, die später den Namen «königliche Herstellung von Möbel und Tapeten der Krone» trug.

Der Landschaftsarchitekt Le Nôtre fertigte seinerseits die Entwürfe des Gartens der Ziegeleien und der Champs Elysées an. Parallel vergrößerte sich Louvre weiter und Claude Perrault stattete es mit einer großartigen Kolonnade aus. Dieser Talentarchitekt baute auch das Observatorium.

Kardinal Mazarin, ehemaliger Premierminister von der Regentin Anna von Österreich, lenkte die Erziehung von Ludwig XIV. und häufte sich ein riesenhaftes Vermögen an. An seinem Tod hinterließ Mazarin eine hohe Summe, um ein von Le Vau zu bauendes Kollegium zu errichten, das später «Mazarine-Bibliothek», bevor es «Académie française» genannt wurde, letzteres Hauptsitz der fünf Akademien.

>> Louis XIV

Ein Krankenhaus «La Salpêtrière» wurde ebenfalls im selben Zeitalter gebaut, um die ausgesetzten Kinder sowie die kranken Frauen und die Körperbehinderten aufzunehmen. Am linken Ufer ließ Ludwig XIV. von Mansart das «Hotel der Invaliden» bauen, das die verstümmelten Soldaten aufnehmen sollte. Unter seiner Kuppel ruht seit 1840 das Grab des Kaisers Napoleon der Erste.

Unter der Herrschaft von Ludwig XIV. wurden die Arcs de Triomphe, die Portes Saint-Denis und Saint-Martin zu

>> *Le Champs de Mars (die Mars- Felder)*

seiner Ehre aufgerichtet. Man schaffte auch seinerzeit die Place de victoire (Siegesplatz) und die Place Vendôme, in deren Zentren sich Statuen von Ludwig XIV. befinden, auch zahlreiche besondere Hotels wurden besonders in den neuen Vierteln von Paris gebaut.

In Versailles spürte man am Ende der Herrschaftsphase von Ludwig XIV., der im Jahr 1711 starb, etwas Langeweile. Auch reiche Wohnsitze wurden von zahlreichen Adeln gebaut, besonders in den Vororten Saint-Germain und Saint-Honoré, darunter der Bourbon-Palast, der heute die nationale Versammlung empfängt und den Palast der Élysée, der seit 1873 als Residenz der Präsidenten der Republik benutzt wird.

Unter der Herrschaft von **Ludwig XV**. baute man «die Militärschule», die 500 Schüler bescheidenen Ursprungs zu Offizieren ausbilden sollte. Der Architekt Jacques-Ange Gabriel baute dieses Werk zwischen 1751 und 1768 in der Ebene von Grenelle, nahe bei den Invaliden, indem er ein ausgedehntes Bedienungsgelände, «das Marsfeld» baute. Die Schule, die 1777 «Schule der jungen Edelleute» wurde, empfing im Jahr 1784 als Schüler den jungen Napoleon Bonaparte. Die Militärschule ist heute das Kollegium Inter-Armée.

Gabriel entwarf ebenfalls die Pläne vom Ludwig XV.-Platz, dem aktuellen Concord-Platz, um den sich zwei großartige, symbolische, besondere Hotels in jener Zeit architektonischen Stils erheben. Diese Gebäude sind heute das Hotel Crillon und das Marine-Ministerium. Datiert in diesem Zeitalter sind auch die Medizinschule, die im lateinischen Viertel liegt und

>> *Das Hotel von Crillon und das Marineministerium*

die Veterinärschule von Maisons-Alfort. Außerdem sah
diese Periode die Fortsetzung der Arbeiten am Bau der
Kirche Saint-Sulpice vor, und man begann mit der
Konstruktion einer neuen Kirche, mit Kuppel und Giebel,
an der Stelle der alten Sainte-Geneviève, gemäß Entwürfe
des Architekten Soufflot.

Das alte Regime sah ebenfalls die Konstruktion des
Münzamtes auf dem Conti-Kai sowie der königlichen
Porzellanherstellung von Sevres ●

Ludwig **XVI.**, König von Frankreich von 1774 bis
1791, war der jüngste Sohn von Ludwig XV.
Unter seiner Herrschaft baute man die
französische Komödie, die von Ludwig XIV. geschaffen wurde sowie
das Theater Odéon und die Brücke Ludwig XVI., die den Ludwig
XV.-Platz mit dem Vorort Saint-Germain verbindet und heute den
Namen Concord-Brücke trägt.

Das Zentrum von Paris wurde ebenfalls im selben Zeitalter erneuert. So werden die auf den Brücken gebauten Häuser abgerissen, der Friedhof der Unschuldigen wurde aus hygienischen Gründen weggeschafft und gemäht sowie die in den «Katakomben» überführten Gebeine.

Die Herrschaft von Ludwig XVI. sieht ebenfalls die Konstruktion «des Bereichs der allgemeinen Landwirte». Letztere wurden beauftragt, die Steuern zu erheben. Ziel dieses Projekts war, Bewilligungspavillons aufzustellen, um den Einfuhrzoll der Ware in Paris einzuziehen. Die Höllenschranke, die Schranke des Thrones und die Rotonde von Villette sind die einzigen Überreste dieser Gebäude.

Der königliche Palast, der dem Vetter des Königs, dem Herzog von Orleans gehörte, wurde mit neuen Gebäuden und Arkadengalerien eingerichtet, die den Garten begrenzten. Dieser Palast war Treffpunkt der Eleganten und später das Ferment der Revolutionsideen geworden.

Die Blüte von Paris, der intellektuellen und kulturellen Hauptstadt Europas, erreichte im XVIII. Jahrhundert ihren Höhepunkt. Das literarische und künstlerische Leben entwickelte sich in den Kirchen insbesondere durch die Barockmusik, in den Theatern wie Odéon, das heute die Comédie-Française ist. Die Ideen der Encyclopedisten kannten auch eine große Verbreitung in den Salons am Bild von Frau de Tencin, Frau Geoffrin oder von Frau de Lambert und in den Cafés, deren Anzahl zunahm und von denen das Procope als das berühmteste zählt.

>> *Die französische Flagge, entstanden zur Zeit der Revolution*

Im Juli 1789 begann die **Revolution** in Paris und die Bastille, Symbol der königlichen Macht, wurde erobert und abgerissen. Im August 1792 wurde die königliche Familie nach der Ergreifung der Ziegeleien im Wachtturm der Tempelfestung, die im XIII. Jahrhundert von Templiers gebaut und im Jahr 1811 abgerissen wurde, gefangengehalten.

Von 1792 bis 1794 wurde Frankreich durch eine Versammlung gelenkt, die den Namen «Konvention» trug. Diese Führer beschlossen, aus Louvre ein Museum zu machen, gründeten das Museum für Naturgeschichte, die lehrerbildende

Hochanstalt, die Professoren ausbilden soll, und die Schule für Polytechnik, um Ingenieure und Offiziere auszubilden. Die Schule der östlichen Sprachen entstand ebenfalls zu dieser Zeit sowie das nationale Konservatorium der Künste und Berufe und das Konservatorium für Musik und Vortragskunst.

Die königlichen Bibliotheken wurden ihrerseits im alten Hotel Mazarin unter dem Namen «nationale Bibliothek» zusammengefasst. Ende des Jahrhunderts wurde Paris durch den Vorstand, so wurde damals die Regierung genannt, in zwölf Distrikten geteilt.

Am 9. November 1799 beendete **General Napoleon Bonaparte** das Regime des Vorstandes und ebnete den Weg für ein neues Regime, indem er die eigentliche Revolution beendete. Folglich nahm das Leben in Paris seinen normalen Lauf wieder auf, und große Bauprojekte wurden eingeleitet.

Die französische Bank entstand in einem alten Privathotel des XVII. Jahrhunderts, auch der Palast der Ehrenlegion in einem solchen des XVIII. Jahrhunderts.

Die Konstruktion des Arc de Triomphe de l'Étoile wurde sowie jene der Vendôme-Kolonne, des Ehrentempels-Heute die Kirche der Madeleine-und der Bourse unternommen.

Napoleon I., Kaiser geworden, beauftragte im Jahr 1808 seine Architekten Charles Percier und Pierre Fontaine, zwischen Louvre

>> *L'Arc De Triomphe (Triumpfbogen), Place de l'Étoile (Sternplatz)*

und den Ziegeleien einen Triumphbogen zu Ehren der großen Armee zu errichten, dem Triumphbogen von Carrousel.

Parallel dazu wurden neue Straßen gebaut und zwei neue Brücken konstruiert. Man entwarf ebenfalls die Weinmarkthalle und die Konstruktion des Saint-Martin-Kanals anfang jener Epoche.
In der Peripherie der Stadt wurden die Friedhöfe von Montmartre, vom Vater Lachaise und von Montparnasse eingerichtet.

Die Phase der Restaurierung folgte dem ersten Imperium und zeigte die Herrschaft von **Ludwig XVIII.** und von **Charles X.**, unter der man königliche Statuen wieder einsetzte, eine davon auf der neuen Brücke war von Heinrich IV. Man setzte auch die unter Napoleon unternommenen Konstruktionen fort. Linien von Omnibussen, die durch Pferde gezogen wurden, entstanden. Hinzu kamen zwei neue Brücken und der Beginn mit der Straßenbeleuchtung mit Gas.

>> *Die Saint-Michel -Brücke*

>> *Die Obelisk, der Concorde-Platz*

Unter der Herrschaft von **Louis-Philippe** von 1830 bis 1848 wurde der Obelisk, den Charles X. durch den Pascha von Ägypten angeboten hatte, in der Place de la Concorde aufgerichtet. Zahlreiche Monumente wurden restauriert, und das Schloss von Versailles wurde vom Ruin gerettet. Am Ort der Bastille erhob man die «Kolonne vom Juli», um an die revolutionären Tage zu erinnern, die Charles X. des Thrones verjagten.

1840 erhielt König Louis-Philippe von England die Erstattung der Asche des Kaisers Napoleon I., so dass er sie unter den Invalidendom überträgt.

Man baute noch zwei neue Brücken und die Eisenbahn wurde eröffnet. Es kam auch zur Schaffung der Bahnhöfe des Norden, des Osten, von Montparnasse und von Lyon.

Paris zählte unter der Herrschaft von Louis-Philippe ungefähr eine Million Einwohner. Er beschloss, die Stadt durch eine neue verstärkte Umwallung von 34 Kilometern Länge zu schützen, die 16 Forts umfasste. Diese Befestigung ist später abgerissen worden, man findet heute an ihrem Ort die sogenannten Boulevards der «Marschälle», denn sie tragen die Namen der Marschälle des Imperiums.

Unter dem zweiten Imperium vertraute **Napoleon III. Haussmann** die Pflege an, Paris einzurichten. Es begannen dann große Arbeiten, die das Aussehen der Hauptstadt gänzlich ändern werden und es unumstritten zu verschönern.
Große Verkehrsadern wurden durchbohrt oder vervollständigt: die Boulevards von Straßburg, Sébastopol, Saint-Michel, Saint-Germain, Prinz Eugène (heute Voltaire genannt), Magenta, Malesherbes, Haussmann sowie die Straßen Saint-Denis, Saint-Martin, Saint-Jacques, Rivoli, usw...

>> *Die Achsen von Paris durch Haussmann*

Andererseits wurden die alten Häuser abgerissen, die neuen Konstruktionen waren vorschriftsmäßig, der Rathausplatz wurde vergrößert, und der königliche Palast wurde umgebaut.

Im Jahr 1852 beschloss Napoleon III. eine neue Ausdehnung des Palastes von Louvre um einen ausgedehnten Hof in einer U-Form, der Hof Napoleons, den zwei parallele Flügel in der Seine im Süden und zur Rue de Rivoli im Norden verlängern. In jener Zeit wurde insbesondere der Pavillon de Flore am Ende des Südflügels gebaut.

Im selben Zeitalter baute der Architekt Baltard die zentralen Markthallen, zwei neue Brücken überquerten die Seine, der Saint-Michel-Brunnen wurde erbaut und Garnier baute die Oper, die heute seinen Namen trägt.

Unter dem zweiten Imperium wurden auch die Theater du Châtelet (des kleinen Schlosses) und de la Ville (der Stadt) gebaut, die Wälder von Boulogne und von Vincennes eingerichtet sowie zahlreiche Plätze. Man schaffte ebenfalls die Parks von Buttes Chaumont und von Montsouris. In dieser Periode erschienen auch die ersten «großen Läden».

Im Jahr 1860 wurden die 13 innerhalb der Umwallung gelegenen Vororte eingemeindet und Paris eingegliedert. Die Stadt wurde dann in zwanzig Distrikten geteilt und zählte anderthalb Millionen Einwohner.

Nach der Niederlage von 1870 angesichts Preußens wurde die Republik erneut ausgerufen. Die französische Regierung, die sich in Versailles zurückgezogen hatte, musste «die Gemeinde» bewältigen, ein Aufstand, der sich in Paris ausgelöst hat. Die

>> *Die Basilika von Sacré-Cœur*

«aus Versailles» nahmen Paris zurück, aber im Laufe der Kämpfe wurden die Ziegeleien, der königliche Palast und das Rathaus angezündet und die Vendôme-Kolonne abgerissen. Letztere wurde wieder aufgestellt, der königliche Palast restauriert, das Rathaus wieder aufgebaut, aber die Ziegeleien, die für zu beschädigt gehalten wurden, wurden gerissen.

1875 unternahm man die Konstruktion der Basilika Sacré-Coeur auf dem Hügel von Montmartre. Parallel vergrößerte man die bestehenden Bahnhöfe, und man baute den Bahnhof von Orsay, der heute ein Museum desselben Namens ist. Arbeiten an der U-Bahn wurden aufgenommen und Ingenieur Bienvenue wurde hierfür beauftragt.

Im Hinblick auf die Weltausstellung von 1878 baute man Palais Trocadéro und den Eiffel-Turm, der den Namen seines Erbauers, Ingenieur Gustave Eiffel, trägt. Man unternahm ebenfalls die Konstruktion der Brücke Alexandre III. zu Ehren des russischen Zaren.

Ende des XIX. und Anfang des XX. Jahrhunderts veranlassten die in Paris stattfindenden Weltausstellungen die Stadt dazu, das «große und kleine Palast» zu schaffen, die danach in Museen umgestaltet wurden, die zeitweilige oder ständige Ausstellungen aufnahmen.

Nach dem Krieg von 1914-1918 bestattete man unter dem l'arc de Triomphe de l'étoile einen unbekannten Soldaten. Das war am 11. November 1920, Die Geburt des Waffenstillstands von 1918.

>> *Platte von der Statue von Charles de Gaulle*

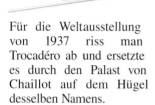

Für die Weltausstellung von 1937 riss man Trocadéro ab und ersetzte es durch den Palast von Chaillot auf dem Hügel desselben Namens.

Paris zählte in den dreißiger Jahren etwa drei Millionen Einwohner, und die von Louis-Philippe gebaute Umwallung war zu klein und die Befestigungen unnötig geworden, daher wurden sie abgerissen und durch Boulevards ersetzt.

Trotzdem haben der zweite Weltkrieg und die deutsche Besatzung die Entwicklung der Stadt provisorisch unterbrochen.

Ab der zweiten Hälfte des XX. Jahrhunderts hat sich Paris noch umgewandelt. Man begann mit der Konstruktion eines großen Zentrums für Verteidigungsangelegenheiten. Die wegen des Wachstums des Autoverkehrs zu klein und ungünstig stehenden Markthallen wurden auf die Südostseite von Paris, auf Rungis, verlegt. An ihrer Stelle baute man einen ausgedehnten von einem Garten überdeckten unterirdischen Komplex, das Forum. In der Nähe und auf der Beaubourg-Ebene wurde das Zentrum Pompidou, das moderne Kunstmuseum erbaut.

Am Rand der Seine und am linken Ufer wurde im Jahr 1987 das moderne Institut der arabischen Welt eröffnet. Eine ausgedehnte Oper wurde ebenfalls anstelle der Bastille gebaut und im Jahre 1989 eröffnet. In Villette, wo die alten Schlachthäuser standen, baute man die Cité der Wissenschaften und die Cité der Musik.

In Bercy und in Richtung der alten Weinmarkthalle wurden zu Beginn der neunziger Jahre das neue Finanzministerium und die große Bibliothek von Frankreich gebaut, um die historische Nationalbibliothek in der Rue de Richelieu zu ergänzen ●

Paris, Hauptstadt der Gastronomie

Es ist schwierig zu versuchen, die Pariser Gastronomie zu definieren, denn die Hauptstadt wimmelt von Schlemmereien, Geschmäcker und exotik. Aber es liegt am Bäckerhandwerk, dass man wirklich das Herz der Hauptstadt, Wiege «der Baguette», die im XVI. Jahrhundert erfunden wurde, und die die Provinz nur Mitte des XX. Jahrhunderts gewonnen hatte, schlagen fühlen kann. Was das Pariser Backwerk betrifft, es schwärmt vom leichten Teig, bezogen auf in die Erinnerung zurückrufende Namen, wie «Saint Honoré», «Paris- Brest» oder «Opéra» und es mag sich an Adel und Tradition behaupten, am Bild der bekannten Makronen des Ladurée-Hauses in der Royal- Straße seit 1867...

Auf historischer Ebene fand der echte Aufschwung der französischen und pariser Küche innerhalb der absoluten und zentralisierenden Monarchie statt, die ihren Höhepunkt im XVII. Jahrhundert unter **Ludwig XIV.** in Versailles kannte.

Zu jener Zeit spiegelte das Überangebot der Gerichte und der Zubereitungen die pyramidenförmige politische Struktur wider, die an die Person «des Sonnenkönigs» zurückführt; und die kostbaren Mahlzeiten, in einer theatralischen Art und Weise inszeniert, wurden Bestandteil für die Verherrlichung des Fürsten.

Die Herrschaft von Ludwig XIV. widmete sich von 1643 bis 1715 der Bedeutung «der Etikette», die die Gesamten Regeln des Gebrauchs und des im Hof geltenden Vorrangs und des «Gut-Essens» darstellte.

Es liegt in diesem Zusammenhang, dass der Chroniker des Hofsalltags, Herzog von Saint-Simon, diesem Monarchen am großen Appetit huldigte und der das « Service à la Française» förderte, wo alle Teller gleichzeitig serviert wurden und die Sitzordnung der Gäste einen ganz präzisen Tafelplan einzuhalten war, zu dem der «Sonnenkönig» einen ungewöhnlichen Anstand hinzufügte. **Somit schrieb Saint-Simon** über Ludwig XIV.: «Er mochte durchaus die Pracht, die Herrlichkeit und die Überfülle. Diese Manier wandelte er durch Politik in einen Grundsatz um, und führte sie vollständig in seinem Hof ».

1651 veröffentlichte der Jagdbezirk sein Werk «Der französische Koch», der eine neue Konzeption über die kulinarische Kunst einführte und an die hunderttausend Exemplare herausgab, was für jenes Zeitalter als Rekord betrachtet werden kann!

Francois Massialot seinerseits struktuierte die Einnahmen und unterbreitete bei den bürgerlichen Kreisen und den ausländischen Höfen ein im Jahr 1691 veröffentlichtes ausfuhrfähiges französisches Modell, insbesondere durch seinen berühmten «königlichen und bürgerlichen Koch».

Für **Anthony Rowley**, Autor des Werks «zu Tisch», ist in der Tat Ludwig XIV. derjenige, der der Gastronomie ihre nationale Herrschaft verliehen hat. In der Tat, man legt in Frankreich Wert nicht nur auf die Freude am Essen, sondern auch auf die Freude am Unterhalten um den Tisch, was die Fremden praktisch in Erstaunen setzt.

Unter dem alten Regime war der französische Hof also der Prüfstein der großen Küche. Der Tisch war ein Mittel der Verwaltungsführung und des politischen Einflusses geworden. Zum Beispiel, während des verblüffenden Festmahls, das **François I.** im Jahr 1520 am goldenen Camp of Drap gab, um **Henri VIII.** aus England zu überzeugen, sich mit ihm gegen den Kaiser Charles Quint zu verbünden.

Nach der Revolution dauerte diese Tradition fort, insbesondere unter dem ersten Imperium, wo **der Kaiser Napoleon I.** anlässlich eines prunkvollen Abendessens diesen Wortlaut richtete:

«Meine Herren, Sie haben Frankreich gerettet!». Die Kunst des

Tafeltisches trägt heute noch zur internationalen Strahlung Frankreichs durch die diplomatischen Empfänge bei.

Später kam die große Wende hinsichtlich der pariser Gastronomie vom französischen **Koch Antoine Beauvilliers**, der im Jahr 1782 den ersten eigentlichen Restaurant in Paris, Richelieu-Straße eröffnete: «Die große Londoner Schenke».

Dieses in Paris allererste große Restaurant verfügte über reichlich geschmückte Säle, elegante Salons, ein perfektes Service und insbesondere über eine ausgezeichnete Küche und einen

bewundernswerten Keller. Beauvilliers war, dank seines hervorragenden Gedächtnisses, fähig, seine Gäste wiederzuerkennen und sie in ihrer Wahl zu führen. Er war der Sprecher des Provinzgrafen und empfing also seine Kunden mit dem Schwert an der Seite und im Uniform eines Reserve-Sprechers. Er blieb während mehr als 20 Jahre in der Pariser hohen Gesellschaft ohne Rivale. Im Jahr 1814 schrieb er «Die Kunst des Kochs»,das über die Küche, über die Speisevorschrift und über die Bedienung handelt.

Nach dem Erfolg von Beauvilliers entwickelte sich das Restaurantkonzept weitgehend zwischen 1790 und 1814, denn die großen

Chefs der aristokratischen Häuser öffneten ihre eigenen Restaurants, bedingt durch den Verlust der Arbeitsplätze nach der Flucht der Edlen ins Ausland. Somit demokratisierte sich die große Küche unter dem Einfluss der französischen Revolution.

Was den Geschmack betrifft, so wurden ab dem XVII. Jahrhundert die Gewürze durch die französischen Aromen, wie die Chalotten und die kleinen Zwiebeln, aber auch die Sardellen und besonders die bekannte Trüffel, ersetzt. Der Gegensatz zwischen dem Gesalzenen und dem Gesüßten bleibt bis zum XX. Jahrhundert, nach der Einführung des Gesüßten in die französische Küche im XVI. Jahrhundert durch den italienischen Einfluss, eine der Haupteigenschaften des französischen Geschmacks. Trotzdem war besonders der Gebrauch der Butter, die zunächst in den edlen Küchen Italiens benutzt wurde, die das Erkennungszeichen der französischen Küche wurde.

Somit wird **Frankreich der dritten Republik** (von 1870 bis 1940) durch eine reiche und bürgerliche Küche geprägt, die Festessen und unendliche Speisen zubereitet. Diese Tradition setzte sich bis zu den siebziger Jahren fort, in denen die Ausbreitung der «neuen Küche» begann, die natürlich, diätetisch und eigentümlich wurde. Zwei gastronomische Kritiker, nämlich Christian Millau und Henri Gault, waren Auslöser für eine Erneuerung. Sie regten die Chefs an zur Innovation, die Saucen zu verfeinern, den Geschmack der Produkte zu wahren und den ausländischen Küchen offen zu stehen.

Diese Periode wurde durch große **Kochchefs** geprägt, die ihr Siegel in der Gastronomie sowohl im Lande als auch in der ganzen Welt hinterlassen haben, einige von ihnen sind: Paul Bocuse, die Gebrüder Troisgros, Alain Chapel, André Pic, ua...

Eine Generation später und zuviel Neuheit vertilgt, öfters durch Übermaß, ihresgleichen, leitete die große französische Küche Ende der achtziger Jahre eine Rückkehr zu den authentischen Landesprodukten in die Wege, ohne auf die gesammelte Erfahrung über die Feinheit der neuen Küche zu verzichten.

.3.
Festivals in Paris

Les Plans d'Avril
(*Die Pläne vom April*)

Fest des lebenden Schauspieles in Paris

April

Ein Team von Fachleuten der Welt des Schauspieles und der Mitteilung arbeitet, um neue an den Künstlern und an ihren Projekten nahe Verbreitungsmethoden zu entwickeln.

www.plansdavril.com

fête de la musique
(*Fest der Musik*)

JUNI

Alle Jahre feiert sich die Ankunft des Sommers in Musik in ganz Frankreich. Improvisierte Szenen, Konzerte in den Bars oder in anspruchsvollen Sälen, die für die Gelegenheit geöffnet wurden, machen das Glück der Musikliebhaber aller Haare. Und jeder ist ebenfalls frei, vor seiner Tür zu spielen! In Paris ist er von Tradition, daß ein großes kostenloses Konzert Stelle der Republik gegeben wird. Aber der Festgeist findet sich wirklich in der ganzen Stadt wieder: « place de la Nation », «place de la Bastille», «boulevard St-Michel», auf «Champs-Elysées»...

www.fetedelamusique.culture.fr

Nationales Fest

Fête Nationale
Si le 14 juillet se célèbre dans toute la France, la fête Nationale prend à Paris un relief particulier. Le matin, on assiste à un défilé militaire sur les Champs-Elysées, retransmis sur toutes les chaînes nationales. En soirée, un feu d'artifice est tiré, le plus souvent depuis le Champs de Mars, au pied de la tour Eiffel Et, durant toute la journée, des drapeaux tricolores et La Marseillaise pour fond sonore. A noter également: le bal des pompiers, dans toutes les casernes de Paris, les soir des 13 et 14 juillet; entrée gratuite.

Wenn am 14. Juli sich in ganz Frankreich feiert, nimmt das nationale Fest in Paris ein besonderes Relief. Der Morgen nimmt man an einer Militärparade auf «Champs-Elysées». In Abend wird ein Kunstgrifffeuer meistens auf «Champs de Mars» zum Fuß der Eiffel Turm gezogen. Und während des ganzen Tages von den dreifarbigen Fahnen und «La Marseillaise» (die nationale Hymne) für sonoren Grund. Ebenfalls festzu-stellen: der Briefkasten der Feuerwehr-männer in allen Kasernen von Paris, den Abenden vom 13. und 14. Juli; kostenloser Eingang.

FESTIVAL SOUS LA PLAGE

JULI-AUGUST
Elektronisches Musikfest, das einige Sonntage Sommer am Park «André Citroen» in Paris stattfindet: Programmierung, Zugangsplan und Logbuch.

www.souslaplage.com

Paris Quartier d'Eté
Das Fest des Pariser Sommers

JULI-AUGUST
Das Programm, der Zeitplan, die praktischen Orte und Informationen werden Ihnen gegeben. Zehn Jahre Fest tanzen, Kino oder Theater sind in Konsultation.

www.quartierdete.com

Festival rock en seine
(Fest rock « in Seine »)

AUGUST
Programmierung, Künstler und Plan des Zugangs zum nationaler Bereich «Saint Cloud»

www.rockenseine.com

Villette numérique
Internationales Fest der numerischen Künste

SEPTEMBER-OKTOBER
Er versammelt Beteiligte der internationalen numerischen Kultur und Sie fordert auf aufzudecken, wie Künstler die Umrisse der zeitgenössischen Schaffung neu definieren.

www.villette-numerique.com

Techno Parade et Rendez-vous Electroniques

(Techno Parade & Electronische «Rendez-vous»)

septembre

Le succès de la première édition de la Techno Parade, qui avait rassemblé 170000 personnes dans les rues de Paris en 1998, en a fait un rendez-vous annuel incontournable pour tous les "technoïdes" de la capitale. Jusqu'en l'an 2000, ce rassemblement a pris la forme d'une parade des chars défilant au rythme de la musique techno, tandis qu'une faune, d'année en année toujours plus jeune et d'guis?e, avec lissait la rue. Depuis 2001, plus de parade mais de nombreuses scènes qui promettent une ambiance survoltée. En parallèle se d'roulent les Rendez-Vous Electroniques conférences, expositions et animations sph?ariales dans de nombreux bars mettent cette musique ? l'honneur
www.technopol.net

SEPTEMBER

Der Erfolg der ersten Ausgabe Techno Parade, das 170000 Personen in den Straßen von Paris im Jahre 1998 versammelt hatte, davon machte einen machen jährlich für alle Amateure von techno der Hauptstadt unumgänglich. Bis im Jahr 2000 hat diese Sammlung die Form einer Parade genommen, wie in Berlin: «chars» defilierten im Rhythmus der Musik Techno. Parallel dazu sie zurückgeben finden Sie elektronische statt: Konferenzen, Ausstellungen und spezielle Belebung in zahlreichen Bars stellen diese Musik an der Ehre.

www.technopol.net

Festival d'Automne à Paris
(Herbstfest in Paris)

SEPTEMBER AM DEZEMBER

Das Herbstfest wird der zeitgenössischen Kunst gewidmet. Er hat die Aufgabe, Referenzwerke, unveröffentlichte zu empfangen in Frankreich: Tanz, Musik, Kino und Künste.

www.festival-automne.com

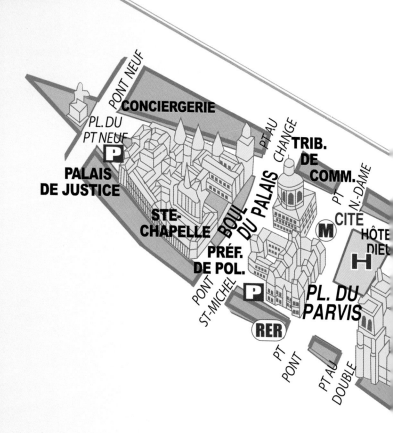

PONT NEUF

CONCIERGERIE

PL. DU
PT NEUF

P

**PALAIS
DE JUSTICE**

PT AU
CHANGE

**TRIB.
DE
COMM.**

PT
N-DAME

**STE-
CHAPELLE**

**PRÉF.
DE POL.**

BOUL
DU PALAIS

M **CITE**

**HÔTE
DIEU**

H

P

**PL. DU
PARVIS**

PONT
ST-MICHEL

RER

PT AU
PONT

PT AU
DOUBLE

.4.
ITINÉRAIRES DE VISITE DE PARIS

.1. Strecke.
ÎLE DE LA CITÉ (DIE INSEL DER STADT), WIEGE VON PARIS

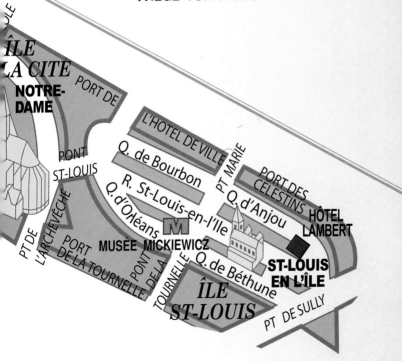

ÎLE DE LA CITÉ (DIE INSEL DER STADT), WIEGE VON PARIS

*D*ie **ÎLE DE LA CITÉ** ist die echte historische Wiege der Stadt von Paris. Sie schützte den Stamm «Parisii» - keltisches Wort, das ein Boot auf dem Wasser bezeichnet, als die Römer, geführt von Labienus, dem Leutnant von Cesar, dort die Eroberung im Jahr 52 vor Jesus Christus führten. Die Stadt trug dann den römischen Namen von «Lutèce», aus dem lateinischen Wort «lutum», das Schlamm bedeutet. Während der barbarischen Invasionen zogen sich die von Sainte Geneviève mitgerissenen Einwohner auf die Insel Île de la cité, um sie einfacher zu verteidigen. Clovis, König der Franken und Sieger der Römer im Jahr 486 machte sie zu seiner Hauptstadt und während der karolingischen Zeitperiode konzentrierte sich das Leben auf der Insel der Stadt.

Während des IX. Jahrhunderts wurde Paris von den normannischen Invasionen gedroht und musste die ständigen Angriffe der Wikinger ausstehen. Diese letzteren nahmen es zu ihrem Besitz im Jahr 885, und die Verteidigung, die vom Grafen Eudes und vom Bischof von Paris Gozlin geführt wurde, organisierte sich noch einmal um die Île de la cité herum.

>> *Notre-Dame von Paris*

Diese behielt ihre Rolle als religiöses und gerichtliches Zentrum während des Mittelalters bei. Notre-Dame, deren Arbeiten auf einem heiligen Standort aus der römischen Zeit im Jahr 1163 und unter der Schirmherrschaft des Bischofs von Paris, Maurice de Sully, begannen, ist mit der heiligen Kapelle (Sainte Chapelle), die im Jahr 1245 unter der Herrschaft von Saint Louis gebaut wurde, sowie mit der Pförtnerloge (Conciergerie), eine der letzten Überreste des Mittelalters auf der Insel. Man kann auch auf dem

Vorplatz von Notre-Dame die Vorzeichnung der Straßen jener Zeit entdecken, in Form einer Platte, die erlaubt, die Distanzen festzulegen, die die Städte der Provinz von der Hauptstadt trennten. Ein Beweis für die Rolle der Insel Île de la cité als historisches Zentrum im Mittelalter.

Die Insel **SAINT-LOUIS (HEILIGER LUDWIG)**, ihrerseits, war am Anfang aus zwei kleinen Inseln gebildet worden: «Île aux vaches (die Insel mit den Kühen)» - denn sie war nur ein Weidefeld - und die Insel «Île Notre-Dame», wo die Zweikämpfe im Mittelalter stattfanden. Erst im XVII. Jahrhundert wurden die zwei kleinen Inseln von

>> *Die Marie- Brücke*

Christophe Marie, dem Hauptunternehmer der Brücken von Frankreich, wiedervereinigt, der dann die Brücke baute, die heute noch seinen Namen trägt. Zu jener Zeit errichteten Adlige und Bürger dort ihren Wohnsitz, und man kann dort heute noch prächtige besondere Hotels entdecken.

Diese großartige Einheitlichkeit, Île de la cité und Île Saint Louis ist mit dem Rest von Paris mittels mehrere prächtige Brücken verbunden, die Jahrhunderte überstanden haben.

>> >> *Die Sully- Brücke*

Die **BRÜCKE MARIE**, Pont Marie, die sich auf der Nordseite der Insel Saint Louis befindet und die wir soeben erwähnt haben, wurde im Jahr 1635 von Christophe Marie im Rahmen der Urbanisierung der Insel Notre-Dame unter der Herrschaft von Ludwig XIII. auf dem Fundament von bestehenden Häusern gebaut. Sie wurde im XIX. Jahrhundert umgestaltet, behielt aber ihren Ursprungsnamen.

Die **Sully-Brücke** befindet sich an der Spitze von der Insel Saint Louis. Die zwei ersten Stege, die sie ursprünglich bildeten, datieren auf 1838. Sie wurden damals aufgehängt und für die Fußgänger gängig gemacht. Das linke Ufer des Steges trägt den Namen «Constantine» und das rechte den Namen «Damiette».

Der Krieg vom 1870 verhinderte deren Austausch durch eine feste Brücke, die unter dem zweiten Imperium vorgesehen war, und man musste bis März 1876 warten, bis eine von den Ingenieuren Vaudrey und Brosselin geplante neue Brücke aus Guss in Betrieb genommen wurde. Immer noch auf der Insel Saint Louis, aber südlich wurde am 11. Oktober 1614 der Grundstein für die **Brücke des kleinen Turmes** (Pont de la Tournelle) von dem damals noch dreizehn Jahre jungen Louis XIII. gelegt, und von der Mutterkönigin Marie de Médicis als Ersatz für die aus dem Jahr 1369 alte Brücke. Der Unternehmer

>> Die Tournelle- Brücke

Christophe Marie, der innerhalb zehn Jahren die Aufgaben hatte, sowohl die Konstruktion der Wohnungen auf der Insel Saint Louis, als auch zwei anderer Brücken fertig zu stellen, begann seine Konstruktion im Jahr 1618 und beendete sie im Jahr 1620. Sie war aus Holz, wie die vorhergehende Brücke.

Die Brücke wurde vom Eis im Jahr 1637 mitgenommen, bevor sie wieder gebaut wurde. Man musste die Überschwemmungen von 1651 abwarten, die es stark beschädigten, damit sein wiederaufbau zwischen 1654 und 1656 durch den Architekten Noblet beschlossen werden konnte, diesmal aus Stein. Zwar beschädigte sie das Eis im Jahr 1658, aber erst im Jahr 1928 wurde sie durch die aktuelle Brücke ersetzt.
Die **Brücke Louis Philippe** an der Westspitze der Insel seitens des rechten Ufers wurde für den Verkehr am 26. Juli 1834 durch König Louis Philippe, der den Grundstein am 29. Juli 1833 legte, freigegeben.

>> *Die Louis Philippe- Brücke*

Bei der Revolution von 1848 zerstörte ein Feuer den Teil der Brücke, der zwischen der Insel Saint Louis und dem linken Ufer lag. Die Aufhängekabel des oberen Teils schmolzen, und etwa zwanzig Opfer stürzten ins Wasser hinunter. Alle Gebührenposten wurden ebenfalls niedergebrannt.

Infolge dieser Ereignisse taufte man sie unter dem Namen «Brücke der Reform» wieder neu. Wurden die Gebühren abgeschafft, so verdichtete sich der Verkehr dermaßen, so dass man den Übergang begrenzen musste. Ein Dekret von 1860 ordnete ihren Austausch an, und zwar nur am Teil des rechten Seineufers und sah dafür eine Steinkonstruktion vor, die auf zwei Pfeiler von vier Metern Breite beruhen, deren Massen, die mittels eines Senkkasten gegossen wurden, aus Beton waren. Der mittlere Bogen misst 32 Meter und die Seitenbögen 30 Meter. Strahler beleuchten ebenfalls Galerien, die Gas- und Wasserleitungen enthalten. Seine Verlängerung auf dem linken Uferteil wurde nicht wieder aufbaut.

Die BRÜCKE SAINT LOUIS, die die zwei Inseln verbindet, wurde am 28. Oktober 1970 vom Ratspräsidenten von Paris und Präfekt von Seine eröffnet. Diese Brücke ist vor allem funktionsfähig ohne ästhetische Fehler und stellt für die Schifffahrt keine Behinderung dar.

Die Plattform ruht auf zwei Balkenträgern von je 200 Tonnen, die Güsse ruhen auf unterstützten

Fundamenten durch verankerte Gruben und ist wegen der Maurerarbeit an den Kaimauern überzogen und somit die Wasserstraße völlig freigegeben.

Kommt man an die Stelle des Vorplatzes zurück, so taucht die majestätische **NOTRE DAME-KATHEDRALE** auf, die an dieser Stelle herrscht.

Die Konstruktion der derzeitigen gotischen Kathedrale, Neigung des Ehrgeizes vom Bischof Maurice de Sully, begann gegen 1160. Das große Werk ist vom XII. Jahrhundert an vollendet. Änderungen wurden dann im folgenden Jahrhundert nach architektonischen Richtlinien des gotischen Stils «hochgotik»,

also zeitgeschmackgemäß vorgenommen.

Gegen 1250 verwirklichte Jean de Chelles den nördlichen Arm und begann den Südarm zu heben, der dann von Jean de Montreuil vollendet wurde. Von der Mitte des XIII. bis zum Beginn des XIV. Jahrhunderts wurden Kapellen zwischen den Strebepfeilern des Schiffes gebaut. Pierre von Montreuil war der Autor solcher, die am Kopfende gelehnt werden.

Die gotische Kathedrale wurde danach weitgehend durch im XIII. Jahrhundert erfolgte Ausbauarbeiten und durch die revolutionären Zerstörungen modifiziert. Die Restaurierungsarbeiten, durch die die Kathedrale größtenteils ihr derzeitiges Aussehen erhalten hat, endeten im Jahr 1864.

>> *Notre-Dame von Paris*

wurden einige Meistergemälde und Werke, insbesondere von Le Brun und von Jouvenet durch «mays» ersetzt, bestellt von 1630 bis 1707 von der Bruderschaft der Goldschmiede und an jedem ersten Mai zur Verfügung gestellt, daher ihr Name.

An der Spitze von der Insel der Stadt und direkt hinter der Kathedrale befindet sich die **BRÜCKE DES ERZBISTUMS** (Pont de l'Archevêché). Sie trägt den Namen des ehemaligen Erzbistums, dessen Gebäude nach der Revolution von 1789 verschwanden. Diese Brücke wurde 1828 auf Anordnung des Unternehmers Plouard gebaut und ist wie viele andere Brücken der damaligen Zeit gebührenpflichtig. Diese Gebühren lagen bei 1 sou (Cent) pro Fußgänger und 2 sous pro Pferd. 1848 stellte

Geführt von Jean- Baptist Lassus und besonders durch Viollet-le-Duc wurde versucht, die Bauart des XII. Jahrhunderts zu restaurieren. Beide behandelten ebenfalls das Bildhauerwerk, die Möbel, die Glasmalereien... Jeder dieser Aspekte trägt heute zum Prestige von Notre-Dame von Paris bei.

Besonders festzustellen ist das Südtor der ursprünglichen westlichen Fassade, das der Jungfrau gewidmet wurde. Dieses Tor zählt in der Tat zu den Meisterwerken der gotischen Skulptur. In den Kapellen

>> *Die Au Double- Brücke*

die Stadt dieses Recht ein, das ursprünglich bis 1876 vorgesehen war.

DIE BRÜCKE AM DOPPELTEN (Le Pont au Double)

seitens des linken Ufers war ursprünglich Folge der Erweiterung des Hotels Gottes (Hôtel Dieu), ein Krankenhaus, das dort zu jener Zeit wegen der zahlreichen Epidemien, die die Hauptstadt heimgesucht hatten, besonders überladen war. 1515 war der einzige baubare Raum, der verfügbar blieb, der kleine Arm von Seine an der linken Uferseite. Die Stadt stellte sich gegen die Krankenhauserweiterung, sie sei für die Schifffahrt auf der Seine eine Behinderung.

>> *Blick von der Arcole- Brücke*

Erst im Jahr 1626 wurde die Baugenehmigung erteilt, aber zu Lasten des Krankenhauses. Dieses Abkommen sah die Konstruktion der Brücke auf drei Bögen während einer Periode von sechs Jahren und der Gebäude erst zwei Jahre später. Jedoch von 1627 an forderte der Staat von den Verwaltern, unter dem Druck der Bevölkerung, den Übergang für die Grenzbewohner frei zu geben. Eine Gebühr wurde dann geschaffen, deren Höhe auf ein Doppeltes festgelegt wurde, daher der Name dieser Brücke.

Die Gesundheitsschädlichkeit der Säle des Krankenhauses, die Entleerung der Abfälle, die Waschplätze unter den Pfeilern, die Dichte der Gebäude, die weder Luft noch Sonne erlauben, zwangen die Stadt, im Jahr 1847

>> *Die Notre- Dame- Brücke*

die Zerstörung der Brücke und deren Austausch durch einen einmaligen Bogen aus Mauerwerk zu unternehmen. 1883 wurde sie erneut abgerissen, um sie durch einen metallischen Bogen zu ersetzen, den man noch heute beobachten kann.

Dagegen ist auf der anderen Seite der Insel die BRÜCKE VON ARCOLE (Pont d'Arcole) eine der ältesten in Frankreich aus Eisen gebauten Brücken. Vollbracht vom Ingenieur Oudry 1854-1855 präsentiert sie sich in der Form eines einzigen flachgebauten Bogens von 90 Metern.

DIE KLEINE-BRÜCKE (Petit-Pont), seitens des rechten Ufers gegenüber des Vorplatzes der Notre Dame-Kathedrale trägt diesen Namen seit zwanzig Jahrhunderten. Lutèce war noch nicht von den Römern besetzt worden, so dass bereits ein Steg die kleine Insel von Lutèce mit dem linken Ufer verbinden konnte.
Im Jahr 1186 aus Stein gebaut und dank der Großzügigkeit des Bischofs von Paris, Maurice de Sully, ist sie noch heute im selben Zustand wie im Jahr 1853.

DIE NOTRE DAME-BRÜCKE ihrerseits liegt am rechten Ufer. Sie war ursprünglich eine Brücke aus Holz, mit der Bezeichnung Notre-Dame, deren erster Pfahl im Jahr 1413 von Charles VI. aufgestellt wurde.

Die Brücke, deren Wiederaufbau dank der eingenommenen Steuer auf die Erträge der Mühlenschiffe für das Jahr 1440 geplant war, stürzte am 25. Oktober 1499 ein und die Bauarbeiten fanden nie statt. Etwa zehn Beamte wurden dann wegen Korruption festgenommen und verbrachten den Rest ihres Lebens im Gefängnis, da sie die hohen Geldstrafen nicht zahlen konnten.

Sie wurde von 1501 bis 1512 aus Stein wieder aufgebaut mit 34 mit goldenen Ziffern numerierten Häusern. Die eine Seite war gerade, ungerade die andere, was einmalig und vornehm für jenes Zeitalter war. Diese Brücke wurde zur triumphierenden Strecke für die Könige Francois I., Henri II., Charles IX., Henri III., Ludwig XIV. und die Infanterie von Spanien. Die Brücke Notre Dame war auch die weltgewandteste und die festlichste Brücke. Die Häuser wurden 1787 abgeschafft, um die Brücke befahrbar zu machen. Sie ist 1853 und später im Jahr 1913 wiederrekonstruiert worden.

Im Westteil der Insel der Stadt bilden die CONCIERGERIE UND DIE SAINTE-CHAPELLE die Überreste des ältesten Pariser königlichen Palastes, den

Stadtpalast (Palais de la Cité). dieser Palast wurde im XV. Jahrhundert in ein Gefängnis umgewandelt.

Dort, wo der Wohnort der römischen Gouverneure war und dann der ersten Kapetiner, ließ Philippe le Bel zu Beginn des XIV. Jahrhunderts einen Palast als Machtsymbol errichten, der dann als einer der kostbarsten im Mittelalter galt.

Ende des XIV. Jahrhunderts verließen die Kapetinischen Könige den Palais de la Cité zugunsten von Louvre und Vincennes, und ließen das pariser

>> Palast de la Cité

Parlament und die zentralen Verwaltungen des Königreichs deren Platz einnehmen. Der Hausmeister (Concierge), woraus sich der Name «Conciergerie» ableitet, der vom König ernannt wurde, um Ordnung zu sichern, die Polizei zu gewährleisten und die Gefangenen zu registrieren, wandelte dann einen Teil des Gebäudes in ein Gefängnis um. In den Sälen, die während der französischen Revolution dem Terrorkreis dienten und die man

heute noch besuchen kann, ist die Zelle von Marie- Antoinette und eine Reihe von Kerkern wiederhergestellt worden. Die sogenannte Kapelle «des Girondins», die Sühne-Kapelle, die nach dem Wunsch von Louis XVIII. gerade am Ort der Zelle von Marie-Antoinette eingerichtet wurde, der Hof der Frauen und der «Saal der Toilette», bilden auch die erschütternden Zeugenaussagen der damaligen revolutionären Epoche.

Seitens des linken Ufers und in der Verlängerung des Boulevard du Palais findet man DIE SAINT-MICHEL-BRÜCKE. Aus Stein gebaut von 1378 bis 1387 von Hugues Aubriot, man nannte sie in Folge: «Kleine Brücke (Petit-Pont)», «Kleine neue Brücke (Petit-Pont-Neuf)» und «Neue Brücke (Pont-Neuf)». Ende Januar 1408 wurde sie durch die

«N» von Napoleon auf der Au Change- Brücke

Eismassen mit allen Häusern mitgerissen, die sie trug. Sie wurde acht Jahre später wieder gebaut, und 1424 auf dem Namen der benachbarten Kapelle Saint-Michel getauft.

Am 9. Dezember 1547 wurde sie durch ein Schiff gerammt und stürzte mit den siebzehn Häusern ein, die dort gebaut wurden. 1549 wurde sie aus Holz wieder errichtet, doch dann im Jahr 1616 durch die Überschwemmung weggetragen. Aus Steinen gebaut und mit zweiunddreißig Häusern auf jeder Seite bis 1786, da unternahm man ihre Demolierung. Die letzten Häuser blieben bis 1809 fortbestehen.

>> die Neuf- Brücke

Die Brücke wurde im Jahr 1857 durch Vaudrey wieder gebaut.

An der anderen Seineseite wurde im Jahr 1859 DIE **BRÜCKE PONT AU CHANGE** von den Ingenieuren Gallisserie und Vaudrey gebaut. Sie umfasst drei elliptische Bögen in Maurerarbeit. Ihr aus einem «N» zusammengesetzter Dekor- Initialen von Napoleon- in der Form einer Krone eines Lorbeerbaumes entspricht jener der Saint-Michel-Brücke.

DIE PONT-NEUF, berühmteste Brücke von Paris, befindet sich an der Westspitze der Insel der Stadt. Der Grundstein wurde am 31. Mai 1578 von Henri III. gelegt. Erst 1604 vollendet, ist es auffallend, dass sie bereits die erste Brücke ist, die ohne Häuser gebaut wurde. Sie erstreckt sich über 238 Meter Länge und 20 Meter Breite und wird in zwei ungleichen Teilen mit sieben Bögen auf dem großen Arm seitens des rechten Ufers geteilt, und fünf Bögen auf dem kleinen Arm, seitens des linken Ufers. Diese Brücke, die von Androuet Du Cerceau geplant wurde, zeichnet sich auch durch ihre Dekoration aus: die bekannten halbmondförmigen Türmchen und besonders die berühmten grotesken Masken oder «mascarons», 384 an der Zahl. Sie sind an den Kragsteinträgern angeordnet, die die Corniches tragen ●

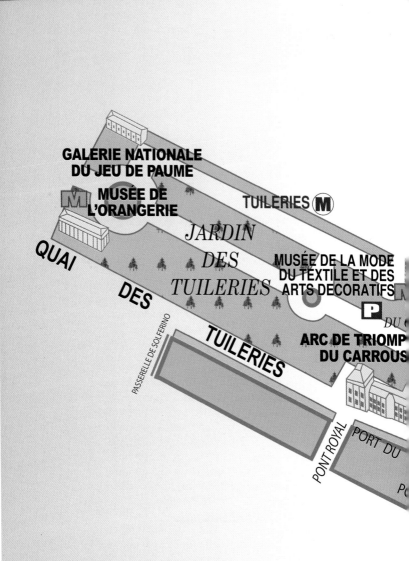

GALERIE NATIONALE
DU JEU DE PAUME

MUSÉE DE
L'ORANGERIE

TUILERIES Ⓜ

JARDIN

DES

TUILERIES

MUSÉE DE LA MODE
DU TEXTILE ET DES
ARTS DECORATIFS

QUAI

DES

TUILERIES

PASSERELLE DE SOLFERINO

ARC DE TRIOMP
DU CARROUS

PONT ROYAL

PORT DU

.2. Strecke.

DER LOUVRE UND DER PALAIS ROYAL

PALAIS ROYAL

CONSEIL D'ÉTAT

Pl.du Palais
 Royal

SEL

PALAIS ROYAL MUSÉE DU LOUVRE

PL.DU ARROUSEL **PYRAMIDE**

COUR NAPOLÉON

COUR CARRÉE

LOUVRE-RIVOLI

MUSÉE DU LOUVRE

Quai

PALAIS DU LOUVRE

du

Louvre

LOUVRE

DES ST-PÈRES

PT DES ARTS

Der Louvre

>> ZUFAHRT

Mit der U-Bahn :
Station Palais-Royal / Louvre-Museum

Mit dem Bus :
Bus-Nr. 21, 24, 27, 39, 48, 68, 69, 72, 81 und 95
Mit Paris Open Tour: Halt gegenüber der Pyramide

Mit dem Auto :
Eine Tiefgarage ist von der Avenue du Général Lemonier täglich von 7.00 bis 23.00 Uhr zugänglich.

Mit Batobus :
Anlegeabschnitt Louvre, Kai Francois Mitterrand

Ab Flughafen Orly :
RER C Richtung Champs de Mars-Tour Eiffel, In Saint-Michel Notre-Dame aussteigen, bis Saint Michel zu Fuß gehen, Bus-Nr. 27 in Richtung Saint Lazare nehmen, am musée du Louvre gegenüber der Pyramide ausssteigen.

Ab Flughafen Charles de Gaulle :
RER B Richtung Massy-Palaiseau, am Chatelet les Halles umsteigen, Linie 14 in Richtung Saint Layare nehmen, am Pyramides aussteigen und bis zum musée du Louvre gehen oder Linie 1 nehmen und am Palais-Royal/musée du Louvre aussteigen.

SEINE GESCHICHTE

Sein Ursprung geht auf eine um 1200 in der Nähe von der Seine sich befindliche Burg zurück, die Philippe Auguste, der sich auf der Île de la Cité niederließ, erbauen ließ sowie einen Wachtturm, der dieses neue Festungswerk schützen sollte. Diese Burg befand sich im Nordwesten des aktuellen quadratischen Hofes Cour Carrée und man kann heute noch in der archäologischen Krypta des Museums Überreste davon aufdecken.

1358 entschied sich Charles V. nach dem Aufstand von Etienne Marcel, den Louvre in einen königlichen Wohnsitz umzuwandeln, indem er ihm dessen Militärverteidigungen übergab. Seine Nachfolger zogen jedoch die Hotels Saint-Paul und des Tournelles am Louvre vor.

François I. (Franz I.), seinerseits, ließ den Wachtturm abreißen und vertraute Pierre Lescot die Pflege an, den Louvre in Palais Renaissance zu verwandeln. Trotzdem waren die Arbeiten noch nicht beendet, als François I. im Jahr 1547 starb. Die westlichen und südlichen Flügel wurden unter der Herrschaft von Heinrich II. errichtet. Nach dem Tod von Heinrich II. entschied sich Catherine de Médici, sich im Louvre niederzulassen und wollte den Palast mit den Ziegeleien verbinden, mit der Absicht, dort einen Park nach italienischem Muster zu machen. Diese Arbeiten haben erst im Jahr 1594 unter der Herrschaft von Heinrich IV. begonnen, der die Konstruktion der großen Galerie als Ergänzung zu der kleinen Galerie beauftragen ließ.

1659 beschloss Ludwig XIII., den Pavillon de l'Horloge (den Uhrpavillon) bauen zu lassen und vertraute die Architekten Lemercier und Le Vau das Projekt an. Somit wurde der Pavillon durch einen Gebäudekörper verlängert. Später beschloss Ludwig XIV., den Louvre zu vergrößern und beauftragte Le Vau, die Größe des Cour Carrée zu vervierfachen. Was den Garten der Ziegeleien betrifft, er wurde durch le Nôtre vergrößert. Trotz der unternommenen Arbeiten ließ sich Louis XIV. im Schloß von Versailles nieder.

Erst nach dem revolutionären Sturm ließ Bonaparte den Platz des Karussells vergrößern, wo er den Triumphbogen (Arc de Triomphe) zur Huldigung seiner ruhmreichen Siege in Auftrag gab. Er beschloss ebenfalls, den Flügel bauen zu lassen, der die Rue de Rivoli entlangführt, aber die während der Restaurierung unterbrochenen Arbeiten wurden erst unter dem zweiten Imperium und von Visconti unterstützt, wieder aufgenommen.

>> Eine Statue im Tuileries- Garten

Im Jahr 1871, während der Pariser Kommune, wurden die Ziegeleien (Tuilerien) angezündet. 1882 wird Architekt Lefuel beauftragt, die Pavillons der Flora und Marsan wieder aufzubauen. Bis Heute war der Louvre Gegenstand mehrfacher Ausbauarbeiten am Bild der Pyramiden von Leoh Ming Pei, um das größte Museum der Welt zu werden.

>> DAS MUSEUM

Öffnungszeiten des Museums:

Das Museum ist täglich offen, außer dienstags und an bestimmten Feiertagen, von 9.00 bis 18.00 Uhr. mittwochs und freitags bis 21.45 Uhr.

Der Eingang durch die Pyramide und durch die Galerie du Carousel ist von 9.00 bis 22.00 Uhr, außer dienstags, offen.

Der Richelieu-Übergang ist von 9.00 Uhr bis 18.00 Uhr, außer Dienstags, offen.
Der Eingang durch die Tür der Löwen (Porte des Lions) ist von 9 Uhr bis 17 Uhr 30 außer am Dienstag und am Freitag zugänglich.

Zufahrt zum Museum:

> *Für den Besichtigungstag gültiger Schein für das Louvre-Museum*, ausgenommen die Ausstellungen in der Napoleon-Halle und das Museum Eugène-Delacroix.

> *Mittwochs und freitags mit gültigem Eintrittsschein für die Abendbesichtigungen des Louvre*, ausgenommen die Ausstellungen der Napoleon-Halle.

> *Kostenlos für alle;*
am ersten Sonntag jedes Monats und am 14. Juli.

> *Kostenlos für die unter 26 Jahre;*
Für Jugendliche unter 26 Jahren ist der Eintritt zum Museum, außer zu den Ausstellungen der Napoleon-Halle nun mehr gratis und zwar freitags von 18.00 Uhr bis 21.45 Uhr.

> *Während des ganzen Jahres wird für den Eintritt ins Louvre-Museum und ins Museum Eugène-Delacroix auf Vorlage eines gültigen Belegs der Nulltarif gewährt für:*
- Jugendliche unter 18 Jahre;
- die Arbeitslosen und die Sozialhilfeempfänger (Beleg nicht älter als 6 Monate);
- die behinderten Besucher und deren Begleiter;
- die Lehrer der Geschichte der Künste, der Kunstgeschichte, der bildenden Kunst, der anwendbaren Künste, der Aktivität, auf Vorlage eines Belegs mit dem Vermerk über das gelehrte Fachgebiet;
- die bildenden Künstler, die auch Mitglieder des Künstlerkammers und der AIAP (internationale Assoziation der bildenden Kunst) sind.

*D*as Louvre-Museum, alter Wohnsitz der Könige von Frankreich, ist seit zwei Jahrhunderten das größte Museum der Welt. Es stellte Werke der westlichen Kunst des Mittelalters im Jahr 1848 vor, der antiken Zivilisationen, die es vorausgegangen sind und beeinflusst haben sowie von den Künsten des Islam. Die Sammlungen werden in acht Abteilungen verteilt, die ihre eigene Geschichte haben, die mit den Pflegern, mit den Sammlern und mit den Gebern zusammenhängt:

ORIENTALISCHE ALTERTÜMER

Die Abteilung der orientalischen Altertümer Louvre-Museum ist den alten Zivilisationen der Länder des nahen und mittleren Osten gewidmet, auf einer Dauer, die sich seit der Entstehung der erschienenen Dörfer ausdehnt, vor mehr als 10.000 Jahren bis zur Ankunft des Islam.

ÄGYPTISCHE ALTERTÜMER

Die Abteilung der ägyptischen Altertümer stellt Überreste der Zivilisationen vor, die sich an den Ufern vom Nil seit dem Ende der Vorgeschichte (gegen 4.000 Jahre vor unserer Zeitrechnung) bis zum christlichen Zeitalter (ab dem IV. Jahrhundert n.Chr.) aufeinander folgten.

GRIECHISCHE, ETRUSKISCHE UND RÖMISCHE ALTERTÜMER

Diese Abteilung sammelt die Werke von drei Zivilisationen: griechische, etruskische und römische, die die künstlerische Aktivität einer ausgedehnten Region darstellen: Griechenland, Italien und des gesamten Mittelmeerraums, deren Geschichte sich von der neolithischen Epoche (IV. Jahrtausend v. Chr.) bis zum VI. Jahrhundert unseres Zeitalters erstreckt.

MALEREIEN

Die Abteilung der Malereien entspricht der enzyklopädischen Dimension des Museums mit repräsentativen Werken für alle europäischen Malereischulen, vom XIII. Jahrhundert bis 1848. Die Studie und die Auswertung werden zwölf Aufsichtsbeamten unter den größten Spezialisten anvertraut.

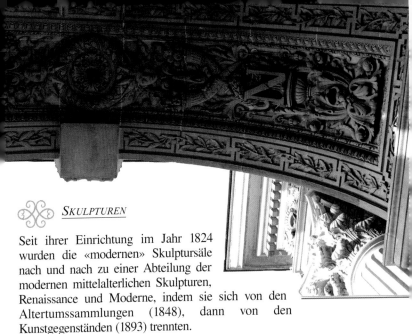

SKULPTUREN

Seit ihrer Einrichtung im Jahr 1824 wurden die «modernen» Skulptursäle nach und nach zu einer Abteilung der modernen mittelalterlichen Skulpturen, Renaissance und Moderne, indem sie sich von den Altertumssammlungen (1848), dann von den Kunstgegenständen (1893) trennten.

KUNSTGEGENSTÄNDE

Die Abteilung der Kunstgegenstände präsentiert eine Welt von Gegenständen von Formen, von Materialien und von sehr verschiedenartigen Zeitaltern, von Juwelen an den Tapeten, bis hin zum Elfenbein, den Bronzen, den Keramiken und den Möbeln. Man deckt dort Werke vom Mittelalter bis zur ersten Hälfte des XIX. Jahrhunderts auf.

KÜNSTE DES ISLAM

Die Abteilung der Künste des Islam stellt tausende von Werken vor, die mehrheitlich für den Hof oder für eine vermögende Elite bestimmt sind. Ausgehend von tausenddreihundert Jahren Geschichte und drei Kontinenten sagt sie von der Inspirationsvielfalt und von der Kreativität des Islamlandes aus.

GRAPHISCHE KÜNSTE

Die Werke auf Papier aller Techniken stellen den Fonds einer der acht Abteilungen des Museums dar. In Anbetracht ihrer Lichtempfindlichkeit profitieren sie von zeitweiligen Schauvorstellungen. Ein Konsultationssaal erlaubt nämlich der Öffentlichkeit, auf Anfrage zu jedem Werk zu gelangen.

In der viereckigen Verlängerung des Cour Carré ist die zwischen 1802 und 1804 von den Ingenieuren Louis- Alexandre de Cessart und Jacques Dillon erbaute **Brücke der Künste** (Pont des Arts) das erste in Frankreich verwirklichte metallische Werk eines solchen Ausmaßes.

>> *Die des Arts- Brücke*

Leichte Bögen aus Guss tragen eine horizontale Plattform, die einen für die Fußgänger reservierten Spaziergang ermöglicht. Zerstört im Jahr 1981 wurde die Brücke der Künste durch eine ähnliche, jedoch aus Stahl, ersetzt, die erweiterte Bögen hat, um den Übergang der Schleppkähne zu erlauben. Die Brücke gewährt zahlreiche Kunstausstellungen während des ganzen Jahres.

Verlässt man den Place du Karrousel in Richtung der Seine, so findet man die **Brücke des Karussells** (Pont du Carrousel), die am 30. Oktober 1834 von Louis- Philippe eröffnet wurde. Diese Brücke war dann im Jahr 1835 offen für den Verkehr. Gebührbüros wurden in vier

>> *Die Carroussel- Brücke*

Postamenten an jedem Eingang der Brücke untergebracht, aber die vier Statuen: der Überfluss, die Industrie, die Seine und die Stadt von Paris, von Louis-Messidor Petitot wurden dort erst im Jahr 1846 angebrachtt.

Der Palais Royal

Durchquert man die Rue de Rivoli, so gelangt man an den **Palais Royal**, dessen Konstruktion im Jahr 1632 vom Kardinal de Richelieu beschlossen wurde, der dann zum Minister des Königs Ludwig XIII. ernannt wurde. Richelieu vertraute die Arbeiten des künftigen «Kardinalpalastes» seinem bevorzugten Architekten, dem Kurzwarenhändler an, der sie im Jahr 1639 vollendet hatte. Der Kardinal starb dort am 4. Dezember 1642 und der Palast wurde

dann dem König hinterlassen, der seinerseits im drauffolgenden Jahr starb.

Anne von Österreich und der Thronfolger, der künftige Ludwig XIV. ließen sich im Palast nieder, der dann den Namen Palais Royal bekam. Später wurde der Palast Philippe d'Orléans hinterlassen, dem Bruder von Ludwig XIV. und Ehemann von Henriette d'Angleterre, der ebenfalls in diesem Palast starb. Philippe II. d'Orléans, der Regent, besetzte danach den Palast, wo bekannte ausgelassene Abendessen organisiert wurden. Sein Urenkelsohn, Philippe Egalité ließ um die Gärten herum ein Gebäudekompex bauen, das die Geschäfte schützte. Ebenfalls ließ er das französische Theater bauen.

Während der Revolution war der Palais Royal im Mittelpunkt der Ereignisse, bevor er später ein sehr lebhaftes Zentrum der Lasterhaftigkeit wurde, wo Spielhäuser und Freudenhäuser sich zusammenkamen. Der Palais Royal wurde ab 1801 Sitz des Gerichts, dann der Börse und des Handelsgerichts. Er wurde 1814 an Orléans Familie zurückerstattet.

Im Jahr 1871 wurde der Palais Royal bei den Ereignissen der Kommune angezündet. Er wurde restauriert und ab 1875 Sitz des Staatsrates bis zum heutigen Tage.

>> Der Arc De Triomphe von der Carroussel

Kommt man in Richtung Louvre zurück, so erreicht man die **Gärten der Ziegeleien** (Jardins des Tuileries), die die Rue de Rivoli in Richtung der Place de la Concorde entlangführen.
Ihr Ursprung geht auf das Jahr 1553 zurück, als Catherine de Médicis beschloss, sich in Louvre niederzulassen und sich dort ein Schloss bauen zu lassen. Sie kaufte Gelände an den Ziegeleien und ließ dort einen Park auf italienische Art mit Brunnen, einer Grotte, einem Gewächshaus sowie einer Ménagerie bauen. Der Garten der Ziegeleien wurde im XVI.

Jahrhundert rasch zu einem modischen Spaziergangsort.

Im XVII. Jahrhundert vertraute Colbert Le Nôtre die Verschönerungsarbeiten der Gärten an, deren Pläne noch bis heute aufbewahrt werden.

>> *Die Royal- Brücke*

Am Anfang der Gärten bemerkt man die **königliche Brücke** (Pont Royal) in Richtung der Seine. Sie ist eine der ältesten Brücken von Paris. Von Jules Hardouin-Mansart entworfen und im Jahr 1685 von Gabriel realisiert. Seine Konzeption, in Maurerarbeit und Bögen in Korbhenkel, die durch eine zähflüssige Kranzleiste hervorgehoben wurden, war für das damalige Zeitalter innovativ.

In Richtung der Concorde beeindruckt der **Steg von Solférino** (Passerelle de Solférino), durch die Modernität seiner Architektur. Sie ist in der Tat sehr neu, da sie 1999 eröffnet worden ist. Sie ist ausschließlich für die Fußgänger bestimmt.

Die Passerelle de Solférino ist vom Architekten und Ingenieur Marc Mimram entworfen worden, dem Sieger des bei jener Gelegenheit eingeführten internationalen Architekturwettbewerbs. Sie umfasst nur einen Metallbogen mit einer Tragweite von 106 Metern, die im Schwerpunkt der Straßen von Castiglione (1. Bezirk) und von Solférino (7. Bezirk) konstruiert ist. Sie erlaubt, das Museum von Orsay mit dem Garten der Ziegeleien als Ersatz für die alte Brücke vom XIX. Jahrhundert zu verbinden.

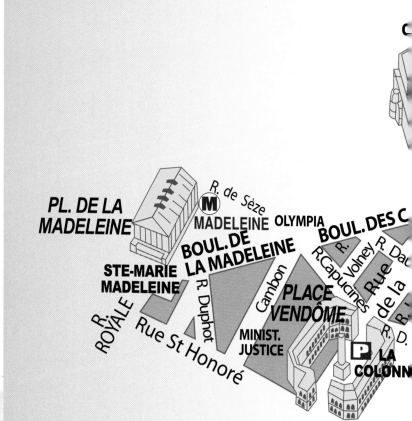

PL. DE LA MADELEINE

R. de Sèze

M MADELEINE OLYMPIA

BOUL. DES C

BOUL. DE LA MADELEINE

R. Volney

R. Capucines

Rue de la

R. D

Cambon

PLACE VENDÔME

STE-MARIE MADELEINE

R. ROYALE

R. Duphot

Rue St Honoré

MINIST. JUSTICE

P LA COLONN

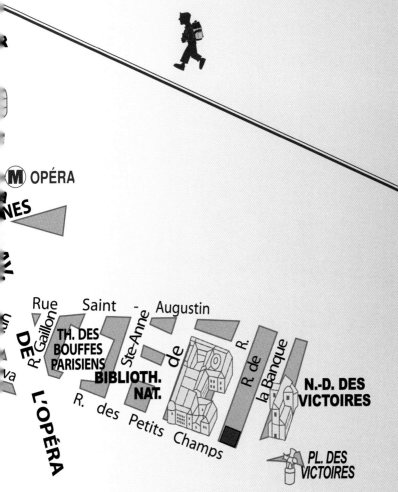

Verlässt man den Palais Royal, so gelangt man am Ende der Straße der kleinen Felder (Rue des Petits Champs) an die großartige **PLACE DES VICTOIRES** (Platz der Siege).

Dieser kreisförmige Platz war im Jahr 1685 entworfen, um der allegorischen Statue von Ludwig XIV. als Rahmen zu dienen, die der Herzog Feuillade bei Desjardins bestellt hatte. Die während der Revolution zerstörte Statue wurde durch eine andere Statue aus Bronze ersetzt, die ihrerseits vom Bildhauer Bosio ausgeführt wurde.

Die Place des Victoires ist seit mehreren Generationen ein gehobener modischer Ort. Sie zog im XIX. Jahrhundert die jungen Mädchen an, die vom Kaschmirschal träumten, den ihr künftiger Status als Bräute ihnen erlauben würde, zu tragen. Wie die Juwelen und die genähten Spitzen gehörten die Umschlagtücher in der Tat zum Ehekorb, der seinerzeit vom Bräutigam angeboten wurde. Die meisten beliebten Châliers standen seinerzeit auf diesem Platz, in der aktuellen Rue Etienne-Marcel sowie in den benachbarten Straßen.

Das Aufkommen einer neuen Generation von Modeschöpfern, die sich am Anfang in den benachbarten Galerien niedergelassen haben, hat dem Platz eine neue Jugendfrische gegeben. Der Vorgänger Kenzo verließ sein erstes Geschäft, das unter den Arkaden der Vivienne-Passage stand, um in etwa hundert Meter weiter von da, und zwar am Place des Victoires Besitz zu nehmen, und dort sein Scheinwerfergeschäft zu eröffnen. Seine heutigen Nachbarn sind Thierry Muggler, Cacharel, Esprit, Blanc Bleu und neulich noch Van Dutch. Wegen Platzmangels nimmt die Rue Etienne Marcel neue Schöpfer auf, wie Anne Fontaine, Joseph, usw...

Immer noch im ersten Bezirk, die Place Vendôme ist ein Luxusplatz schlechthin. Die in der Verlängerung liegenden anspruchsvollen Rue de la Paix überrascht in der Tat mit den größten französischen Juwelieren: Cartier, Boucheron, Chaumet, Chopard... sowie mit einem der schönsten Luxushotels von Paris: dem Hotel Ritz.

Zuerst als place des Conquêtes (Platz der Eroberungen), dann als Louis-le-Grand und während der Revolution als Place des Piques getauft, musste der Vendôme-Platz seinen derzeitigen Namen zu Hotel Vendôme wechseln, das im

>> Rechts, die Vendôme-Kolonne
>> Untenstehend, Freske der Kolonne

>> *Der Vendôme- Platz*

Jahre 1687 zerstört wurde, um dafür einen Platz anzulegen.

Ursprünglich rahmte die PLACE VENDÔME eine von Girardon ausgeführte Reiterstatue von Ludwig XIV. ein. Die mit den Arbeiten beauftragten Architekten Boffard und Hardouin-Mansart erhoben die ersten Fassaden auf drei Seiten, indem sie die Südseite offen ließen. Seine endgültige achteckige Form gab man ihm erst einige Jahre später.

Es war unter dem ersten Imperium, dass die Arbeiten an der Vendôme-Kolonne unternommen wurden. Mit einer Höhe von 43,50 Metern musste sie eine Statue der Freiheit (Liberté) ersetzen, die während der Revolution aufgerichtet wurde. Zuerst unter Kolonne von Austerlitz getauft, stellte sie die wichtigen militärischen Laufbahnen der Napoléonischen-Feldzüge zwischen 1805 und 1807 dar. Anfangs von einer Statue von Napoleon I. überstellt, die von Jules César repräsentiert und durch Gaudhet verwirklicht wurde, änderte sich dieser Aufbau im Rhythmus der Regimeänderungen. Auf diese Weise und während der sogenannten Periode der «hundert Tage» im Jahr 1814 ersetzten sie die Royalisten durch eine Statue von Heinrich IV.. Louis- Philippe, seinerseits, richtete eine kolossale Lilienblume auf. Ludwig XVIII. Stellte während der Restaurierung eine Statue von Napoleon in einem Gehrock wieder hin.

Diese Kolonne wurde 1871 während der «Kommune» umgestürzt und später während der dritten Republik mit einer Nachbildung der Originalstatue von Napoleon als caesar aufgerichtet. Die Stelle ist jetzt ein gehobener Ort der Pariser Luxusaktivitäten.

Geht man die Rue de la Paix hinauf, so bietet sich den Augen der Spaziergänger der **PALAIS DE L'OPÉRA GARNIER AN.** Echtes Meisterwerk

der Theaterarchitektur des XIX. Jahrhunderts im Garnier-Palast, der von Charles Garnier gebaut und 1875 eröffnet wurde, ist seit der Gründung dieser Institution durch Ludwig XIV. im Jahr 1669 der dreizehnte Opernsaal in Paris.

Seine Konstruktion wurde von Napoleon III. im Rahmen der großen Renovierungsarbeiten in der Hauptstadt beschlossen, die unter seiner Herrschaft durch den Baron Haussmann erfolgreich durchgeführt wurden. Dieses historische Monument ist offen für die Besucher, die insbesondere die Saaldecke des Chagallopers bewundern können. Die Garnier-Oper stellt ebenfalls prächtige lyrische und choreographische Schauspiele vor.

Verlässt man die Oper, so erreicht man in der Verlängerung des Boulevard des Capucines die **PLACE DE LA MADELEINE**.

selbst entworfenes Gebäude zu bauen.

Die Arbeiten wurden zwischen 1790 und 1806 unterbrochen. Mehrere Projekte waren dann ausgearbeitet, darunter jenes von Napoleon I., der beschloss, an diesem Ort einen Tempel zu Ehren der großen Armee aufzurichten. Er beauftragte mit dieser Aufgabe den Architekten Vignon. So wurde das Bauwerk erneut abgerissen.

Die neo- klassische Kirche von Sainte Marie Madeleine wurde im Stil der griechischen Tempeln gebaut. Die Arbeiten endeten nach fast einem Jahrhundert Modifikationen und Verspätungen im Jahr 1842. Die Ursprungspläne wurden von der Kirche Saint Louis des Invalides geleitet, aber ein neuer Architekt namens Couture beschloss, das Gebäude abzureißen, um ein neues von Pantheon

1814 bestätigte Ludwig XVIII. die Berufung der Madeleine-Kirche. 1837 musste das Bauwerk in einen Bahnhof umgewandelt werden, damit die erste

Eisenbahnlinie zwischen Paris und Saint-Germain verlegt werden kann. Trotzdem wurde 1842 die Madeleine definitiv als Kirche eingeweiht.

Die Madeleine-Kirche besteht aus zweiundfünfzig Kolonnen von zwanzig Metern Höhe. Ihre monumentale Treppe bietet eine der schönsten Perspektiven von Paris an, in der Verlängerung der Rue Royale, durch die Place de la Concorde, die Seine und hin bis zur nationalen Versammlung (l'Assemblée Nationale). Man findet um die Place de la Madeleine herum die berühmtesten Geschäfte der feinen und luxuriöen Lebensmittelläden (épiceries), wie Fauchon und Hédiard.

Épicerie Fine

ARC DE TRIOMPHE

CH. DE GAULLE-ÉTOILE

PL. CHARLES DE GAULLE

AVENUE

GEORGE V

DES

CHAMPS

FRANKILN-D. ROOSEVELT

.4. Strecke.

DIE PLACE DE LA CONCORDE UND DIE CHAMPS-ÉLYSÉES

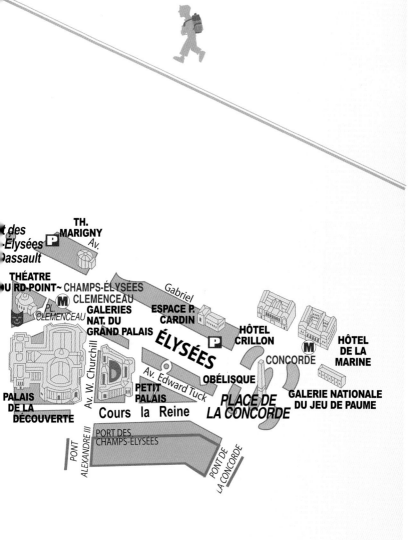

des
-Élysées
assault

THÉATRE
U RD-POINT~ **CHAMPS-ÉLYSÉES** *Gabriel*
CLEMENCEAU

TH.
MARIGNY
Av.

GALERIES **ESPACE P.**
NAT. DU **CARDIN**
GRAND PALAIS **ÉLYSÉES**

HÔTEL
CRILLON

HÔTEL
DE LA
MARINE

PL
CLEMENCEAU

CONCORDE

OBÉLISQUE

PETIT
PALAIS

Av. Edward Tuck

PLACE DE
LA CONCORDE

PALAIS
DE LA
DÉCOUVERTE

GALERIE NATIONALE
DU JEU DE PAUME

Cours la Reine

PONT
ALEXANDRE III

PORT DES
CHAMPS-ÉLYSÉES

PONT DE
LA CONCORDE

Die Place de la Concorde und die Champs-Élysées

*I*n der Perspektive der Madeleine-Kirche bietet sich uns die **Place de la Concorde** (Stelle der Eintracht) an. Es ist unumstritten der schönste Ort von Paris. Mit einer Fläche von 84.000 Quadratmetern und in ihrer gesamten Länge bietet sie in der Tat eine prächtige Sicht auf die Champs Elysées (Elysées-Felder) an, vom Jardin des Tuileries (Garten der Ziegeleien) bis zum Arc de Triomphe (Triumphbogen).

Sie wurde zwischen 1755 und 1775 vom Architekten Ange- Jacques Gabriel aufgerichtet, der den Architekturwettbewerb errang, indem er ein Projekt vorlegte, das auf einem Achteck basierte, das seinerseits durch einen umgebenen Brüstungsgraben abgegrenzt war.

Die Place de la Concorde trug am Anfang den Namen von Ludwig XV. und sie wurde 1792 zur Place de la Révolution (Platz der Revolution) nach der Umkehrung der Reiterstatue des Königs, die von Bouchardon gemeißelt wurde. Sie war dann Schauplatz der Hinrichtungen während des Terrors. Dort wurden nicht weniger als 1119 Personen enthauptet, unter denen König Ludwig XVI., seine Frau Marie-Antoinette und die meisten ihrer Angehörigen, dann die Revolutionsführer.

Nach dieser trüben Periode wurden acht Statuen bestellt, die acht verschiedene französische Städte darstellen, um die um den Platz herum aufgerichteten Postamente zu schmücken. Cortot meißelte Brest und Rouen, Pradier: Lille und Straßburg, Petitot: Lyon und Marseille, Caillouette: Bordeaux und Nantes. Zwei Brunnen, die von jenen des Saint-Pierre in Rom inspiriert wurden, wurden zwischen 1835 und 1840 im Mittelpunkt des Platzes gebaut, jener im Norden stellt die Flussschifffahrt dar und der im Süden die Seeschifffahrt.

>> Fresken der Obelisk, Der Concorde- Platz
>> Rechts, die Obelisk
>> Untenstehend, die Concorde- Brücke

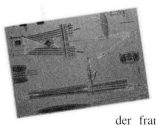

Man bemerkt ebenfalls zwei von Ange-Jacques Gabriel gebaute Zwillingskolonnadengebäude, die den Norden des Ortes abgrenzen: das Marine-Hotel, das das Hauptquartier der französischen Marine aufnimmt und das Crillon-Hotel, eines der luxuriösesten Hotels von Paris. Dort wurde am 6. Februar 1778 der Freundschafts- und Austauschvertrag zwischen Frankreich und den dreizehn Unabhängigen Staaten von Amerika unterzeichnet. Benjamin Franklin zählte zu den Unterzeichnern, die die Vereinigten Staaten vertraten. Eine in Rue Royale auf Englisch und Französisch beschriftete angelehnte Platte erinnert an diesen Vertrag, mit dem Frankreich die Unabhängigkeit der Vereinigten Staaten anerkannte.

Heute und genau an der Stelle, wo König Ludwig XVI. hingerichtet wurde, steht eine rosa Obelisk aus Granit, die Frankreich im Jahr 1831 von Muhammad Ali, dem Vizekönig und Pacha von Ägypten angeboten wurde. Dieses 3300 Jahre, tonnenschwere und 23 Meter hohe alte Monument stand ursprünglich im Tempel von Thèbes (Luxor). Er erreichte Paris unter der Herrschaft von Louis- Philippe nach einer vierjährigen langen Reise. Der Obelisk wird von hieroglyphen bedeckt. Der Sockel beschreibt die technischen Mitteln, die seinen Transport und seine Errichtung auf dem Platz erlaubt haben.

Nicht weit weg von dort überragt die **PONT DE LA CONCORDE** (Brücke der Eintracht) die Seine. Die Legende erzählt, dass ein Teil der Steine, die seiner Konstruktion gedient haben, aus der Demolierung der Bastille stammen würden. Diese Brücke mit fünf Bögen wurde von Jean Rodolphe Perronet entworfen, zwischen 1786 und 1791 gebaut und im Jahr 1931 erweitert. Die Aussicht, die sie auf dem Palais-Bourbon und

La Concorde anbietet, ist bemerkenswert.

Durchquert man die Place de la Concorde, so dringt man in der Avenue des **CHAMPS-ÉLYSÉES** ein, die sich über etwa 2 Kilometer Länge und 71 Meter Breite erstreckt.

«Die schönste Avenue der Welt» benannt, bietet diese große Verkehrsader zahlreiche luxuriöse Geschäfte, anspruchsvolle Restaurants sowie die Sitze nationaler und internationaler Unternehmen an, die an Kinos angebaut sind, große Läden und kürzlich schnell restaurierte Gebäude.

>> *Oben, Ausschnitt einer Kolonne, Der Concorde- Platz*
>> *Untenstehend, Avenue des Champs-Élysées bei Nacht*

Diese Avenue, die vom Arc de Triomphe beherrscht wird, ist das Ehrensymbol der französischen Armeen geworden; die Militärparade vom 14. Juli findet freilich dort jedes Jahr statt.

Die Avenue des Champs-Élysées wurde im Jahr 1670 vom Architekten André Le Nôtre skizziert. Zunächst «Grand-Cour», dann Champs-Élysées genannt; die Achse, die im Jahr 1710 am Jardin des Tuileries begann, war bis zum Gipfel des Berges De Maillot, dann bis zum Eingang gleichen Namens im Jahr 1774 verlängert worden. Die trübe Avenue wurde dann wenig besucht.

Erst ab 1779 begann sie, die Pariser dank ihrer zahlreichen Restauratoren und Limonadenherstellern sowie ihrer Ball- und Kugelspielen, heranzulocken. Es war wahrscheinlich während des zweiten Imperiums, dass die Vekehrsader ihre prunkvollste Periode gekannt hat, da Familien, wie Pereire, die Rothschild und Angehörige des Kaisers Napoleon III. sich dort niedergelassen haben.

Im XX. Jahrhundert hat sich die Avenue progressiv zu einem freundlichen Wohnviertel zahlreicher Luxusgeschäfte (Vuitton,

Guerlain, Cartier, usw.) sowie Kraftfahrzeugkonzessionäre umgewandelt. Die ersten Handelsgalerien sind nach dem ersten Weltkrieg gebaut worden und die Kinosäle haben schnell zugenommen. Nach dem zweiten Weltkrieg allerdings zogen bestimmte Luxusgeschäfte in andere Avenues dieses Viertels um, indem sie den Ort insbesondere den Luftfahrtgesellschaften überlassen haben.

Im Jahr 1994 hat die Stadt von Paris das besondere Aussehen dieser Achse umgestaltet, indem sie den Verzicht auf die Contre-Alleen beschlossen hat, nunmehr an den Fußgängern zurückgegeben und durch die Pflanzung neuer Bäume, usw......

Anfang der Avenue der Champs Elysées passen die berühmten **PFERDE VON MARLY** de Guillaume Coustou seit 1795 auf dem Eingang der place de la Concorde auf. In der Tat sind es Nachbildungen, die der Spaziergänger momentan bewundern kann. Die ursprünglich für die Tränke des Schlosses von Marly zur Verfügung gestellten wahren Pferde wurden im Jahr 1984 vor der Erosion seit ihrer Restaurierung und ihrem Aufsetzen am Unterstand in Louvre aufbewahrt.

Danach findet man auf der rechten Seite das berühmte Ledoyen-Restaurant, das am Anfang eine Ausflugskneipe war, genannt «Le Dauphin» (Wasserrinne), die von 1791 an von Antoine Nicolas Doyen gemietet wurde. Das aktuelle Gebäude datiert von 1848 und ist durch Hittorff im Rahmen der Neugestaltung der Champs-Élysées-Gärten erhoben worden. Diese anspruchsvolle Einrichtung schlägt zwei Formeln vor: Gastronomie von hohem Niveau im ersten Stockwerk, einfachere und zugänglichere Küche im Erdgeschoss.

Weiter weg und auf der linken Seite der Champs-Élysées belaufen sich großartige Platanen auf den Südostwinkel des **GRAND PALAIS** (großen Palastes). Der

PETIT PALAIS (kleine Palast) und der Grand Palais wurden für die Weltausstellung vom Jahr 1900 gebaut.

Diese zwei sich gegenüberliegenden Gebäude in der Avenue Churchill wurden nach der Wahl der Modearchitektur Ende des XIX. Jahrhunderts gebaut: an den metallischen Strukturen und an den

>> *Statue von Winston Churchill*

großen Glaskuppeln schließen sich Fassaden aus Stein an, die mit klassischen Dekorationselementen geschmückt sind.

In einem Stil moderner Kunst, wie das Brudergebäude, das ihn bewältigt, wurde der Petit Palais im Jahr 1900 von Charles Girault gebaut. Er gestaltet sich zu einem ausgedehnten inneren Garten; Von der großen Eingangshalle aus strecken sich zwei lange Galerien, die zu einem winkligen mit einer Kuppel erhöhten Pavillon führen. Er schützt heute das Museum der schönen Künste der Stadt von Paris, das drei Teile umfasst: die Dutuit-Sammlungen, die Tuck-Sammlungen und die aus Werken französischer Maler des XIX. Jahrhunderts bestehenden städtischen Sammlungen.

Gebaut zwischen 1897 und 1900 ging der Grand Palais ebenfalls auf das ausgedehnte Baukonstruktionsprogramm für die Weltausstellung des Jahres 1900 ein. Die Fassaden, die in einem sehr akademischen Stil gezeichnet wurden, sind Werke der Architekten Deglane, Louvet und Thomas. Hinter der ionischen kolonnade und den Mauern seiner großen Markthalle, die von Friesen aus Mosaik erhöht wurden, zeigt das Baugewerbe eine Treppe unter einer großen Kuppel von 43 Metern Höhe.

Die Dekoration ist vom Viergespann der winkligen Freitreppen bis zu den Darstellungen im Jugendstil besonders gepflegt worden; In der Tat sah das Projekt vor, das Gebäude an den Rang des «Monuments, das der Ehre der französischen Kunst durch die Republik gewidmet ist», zu erheben.

Die 35.000 m² Fläche erlaubt ihm, zahlreiche und verschiedene Darbietungen zu empfangen. Zwischen 1900 und 1937 empfing er jährlich die Ausstellung der Werke zeitgenössischer Kunst, aber ebenfalls die der Autoindustrie oder die Ausstellung der Haushaltskünste.

Er dient heute dem Rahmen des Palais de la Découverte (Palast der Entdeckung) und nahm von 1964 bis 1966 dank der Einrichtung der Galerien zeitweilige Kunstausstellungen auf. Ein Teil des großen Palastes ist im Jahre 1993 der Öffentlichkeit aus Sicherheitsgründen geschlossen worden; seine Glaskuppeln sind momentan in der Restaurierungsphase.

Der PALAIS DE LA DÉCOUVERTE stellt seinerseits auf dynamische Weise die grundlegende und zeitgenössische Wissenschaft in Form von interaktiven Erfahrungen vor,

die von Darstellungsbeauftragten kommentiert wurden. Es werden Astronomie mit dem neuen «Planetarium», Biologie, Chemie, Mathematik, Physik, Geowissenschaften, Elektrostatiksaal und Saal der Sonne dargestellt. Wiedereröffnung des Akustiksaales: Ein ganzes von einem Vorführer geführtes Versuchsteams wird alle Nachforschungsmöglichkeiten auf dem akustischen Phänomen anbieten: Verbreitung und Geschwindigkeit des Schalls, Struktur der einfachen und komplexen Töne (Orgelrohre), Analyse und harmonische Synthese, Interferenzen und Diffraktion, Dopplereffekt, Schwingungen, Resonanz, usw.....

In der Perspektive beider Paläste deckt man die großartige PONT

>> *Giebel vom Palais de la Découverte (Palast der Entdeckung)*

ALEXANDRE III. (Brücke Alexander III.) auf. Die Konstruktion dieser Brücke wurde im Jahr 1896 wegen der Verkehrsschwierigkeiten beschlossen, aber auch wegen der Schwierigkeiten bezüglich der Schaffung des Bahnhofs der Invaliden (1893), aber es war vor allem die Perspektive der Weltausstellung, die das Projekt wieder in Schwung gebracht hat. Als Symbol für die französisch-russischen Allianz wurde der erste Stein durch den russischen Zaren Nikolas II., den Sohn von Alexander III. gelegt. Sie war im Jahr 1900 vollendet und anlässlich der Weltausstellung eröffnet worden.

Die im Jahr 1975 als historisches Monument klassifizierte Brücke Alexandre III. symbolisiert den Dekorationsgeist des um das Jahr 1900 liegenden Zeitalters. Das ist eine sehr charakteristische künstlerische Zeugenaussage der architektonischen Künste Ende des XIX. Jahrhunderts. Mit dem großen und dem kleinen Palast ist sie eines der seltenen Werke

>> Ausschnitt von der Brücke Alexandre III.

monumentalen Städtebaus, die die Weltausstellung im Jahr 1900 überlebt haben. Sie ist auch die breiteste Brücke von Paris.

Kommt man auf die CHAMPS-ELYSÉES zurück, so entdeckt man dann den kreisförmigen Verkehrsweg von den Champs-Elysées, der im Jahr 1670 gezeichnet, aber erst 1815 eingerichtet wurde. Man dringt dann in die grüne Zone «der Felder» ein. Die Gärten der Champs-Élysées sind zwischen 1830 und 1840 von Hittorff rehabilitiert worden, dem Schöpfer der Restaurants Ledoyen und Laurent, die einzigen Pavillons jenes Zeitalters, die uns übrig geblieben sind. Das Gebiet ist also modisch und die Pariser schwärmen von diesen «Panoramen»; Zusammenstellungen von Gemälden verschaffen den Zuschauern, die im Zentrum dieser 360° Landschaft stehen, sichere Gefühle. Für das Theater des Kreisverkehrs wurde der

Wohnsitz in einem dieser alten Panoramen gewählt, der gegen 1860 von Davioud gebaut wurde. Er ist in den achtziger Jahren mit der Einrichtung der Gesellschaft Renaud Barrault ausgewechselt worden.

Geht man danach die Avenue «des Champs» hinauf, so kann man in der Nähe von Gaumont-Marignan (n° 27) Platten sehen, die von einigen Berühmtheiten aus dem Kinobereich unterzeichnet wurden (Michèle Morgan, Claude Lelouch, Agnès Varda usw..), die auf dem Bürgersteig anlässlich des Filmfestivals 2000 von Paris angebracht worden sind. Das Hotel Païva (n° 25) ist gegen 1860 für Thérèse Lackman gebaut worden : diese sehr opportunistische Frau verließ Moskau wegen Paris, wo sie den Marquis von Païva Araujo dort heiratete, bevor sie der Spur eines sehr vermögenden Grafen folgte, der ein Verwandter von Bismarck war, der ihr erlaubte, aus diesem bescheidenen Wohnsitz das schönste pariser besondere Hotel zu machen, das von Pierre Manguin entworfen und von Carrier-Belleuse, Dalou und Baudry geschmückt wurde.

Geht man den Weg «des Champs» auf dem Bürgersteig der ungeraden Nummern weiter hinauf, so geht man an Fouquet's (n° 99) vorbei, eine Institution, die das erste Restaurant der Avenue von 1840 an war, ihren derzeitigen Namen trägt sie jedoch seit 1901. Die Gegend wird von allen Berühmtheiten des Schauspiels besucht und ist seit 1991 zu den historischen Monumenten klassifiziert worden. Bevor man zur Place de l'Etoile (Sternenplatz) gelangt, geht man an der Drogerie Publicis (n° 133) vorbei, die im Jahre 1962 gegründet wurde und im Jahr 1972 infolge eines Brandes wieder aufgebaut wurde.

Über der Champs-Elysées erhebt sich der **ARC DE TRIOMPHE** von der Place de l'Etoile, der das bekannteste Symbol der Geschichte von Frankreich ist. Mit all seinen mit Skulpturen geschmückten Fassaden scheint «le départ des volontaires» (der Start der Freiwilligen),

>> *Der Arc de Triomphe, Place de l'Étoile (der Stern- Platz)*

gegenüber der Champs-Elysées, Sie zum Besuch einzuladen. Aus einer Höhe von mehr als fünfzig Meter werden Sie über das pariser Leben dominieren und über die weltweit bekannten Perspektiven der Städtebauer von Paris nachdenken, an erster Stelle über die des Barons Haussmann.

Inmitten des wimmelnden Lebens von Paris und in einem Viertel, wo sich die Geschäftswelt jene des Handels und des Tourismus streift, ist l'Arc de Triomphe de l'Etoile über seinen architektonischen und künstlerischen Wert hinaus mit dem kollektiven Unbewussten der Franzosen verbunden. Er gehört zu

ihrer monumentalen Stadtlandschaft wie zu ihrer nationalen Kultur. Sie werden eingeladen, ein Monument zu besichtigen, wo sich die Vergangenheit und die Gegenwart vereinigen.

Ab 1806 und auf Befehl von Napoleon I. zu Ehren der französischen Armeen Gebaut, ist der Arc de Triomphe dreißig Jahre später unter der Herrschaft von Louis Philippe vollendet, er verzeichnet die Erinnerung und das Symbol. Sie können vor dieser

republikanischen Kathedrale nicht ungerührt bleiben, die über allen politischen Umwälzungen bleibt. Mit ihrer majestätischen Architektur, die auf die Bögen des Altertums zurückzuführen ist, kommt es Ihnen vor, als wären Sie Zeuge von der Rückkehr der Asche des Kaisers im Jahr 1840 zu werden, oder noch vom Begräbnis von Victor Hugo im Jahr 1885. Ebenso können Sie den Vorbeizug der siegreichen Armeen in den Jahren 1919 und 1944 nicht vergessen. Abends, nachdem Sie mit Aufregung dem Anfachen der Flamme des unbekannten Soldaten beigewohnt haben, dessen Körper seit 1921 unter den Archen ausruht, können Sie von der Terrasse aus die Sonne bewundern, die vor Ihnen untergehen wird, während Ihnen die Lichter von Paris werden träumen lassen ●

TROCADÉRO Ⓜ

U.E.O-CONSEIL
ECO. ET SOCIAL

PL.
D'IÉNA

Ⓜ IÉNA

PALAIS
DE
TOKYO

ALMA-
MARCEAU Ⓜ

Place
de l'Alm

PL.
DU TROCADÉRO
ET DU 11 NOV.

CINÉMATHÈQUE
AQUARIUM

Ⓜ

MUSÉE
D'ART MODERNE

DÉBILLY

PONT DE
L'ALMA

TH. NAT. DE CHAILLOT
MUSÉE DE L'HOMME
MUSÉE DE LA MARINE
MUSÉE DES MON. FRANÇAIS

MUSÉE DU
CINÉMA

PORT

PORT DE LA BOURDONNAIS

RER

ÉC
DE

PL. DE LA
RESISTANCE

C

Ⓜ

PONT

PALAIS
DE
CHAILLOT

Nations Unies

DE NEW YORK

QUAI BRANLY

PONT DE
L'ALMA

JARDINS DU
TROCADERO

ESPACE
EIFFEL-BRANLY

ST-P
DU
CA

PL. DE
VARSOVIE

Avenue

R de l'Université

AVENUE RAPP

PONT D'IÉNA

Rue de
Monttessuy

Rue

AMB.
LUX.

QUAI
BRANLY

320 M

TOUR EIFFEL

Av. Gustave Eiffel

PARC DU

Élisée Reclus

Av.

de

PL. DU
GENERAL
GOURAUD

AMB.
ROUMANI

RER CHAMP DE MARS-
TOUR EIFFEL

Allée

Av.

BouMard

Adrienne

la

Avenue E. Deschan

Allée

Avenue

Av. Joseph

PL.
JACQUES
RUEFF

CHAMP

Anatole

Pierre

Av. Ch. Risler

France

B

Lecouvreu

Thorny

Charles

DE MARS

Loti

Thierry

Foquet

PLACE
JOFFRE
🅿

AV. DE LA

.5. Strecke.

DIE INVALIDEN UND DAS CHAMP DE MARS

(DAS MARSFELD)

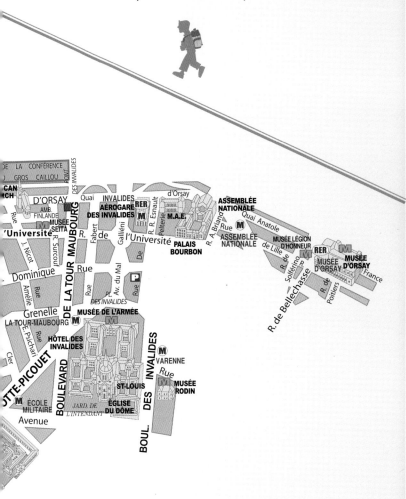

DIE INVALIDEN UND DAS CHAMP DE MARS (DAS MARSFELD)

*a*m linken Seineufer mit Anblick auf die Pont de la Concorde liegt die **NATIONALVERSAMMLUNG**, auch Palais Bourbon genannt, Sitz des Unterhauses des französischen Parlaments.

Der Architekt Giardini begann die Konstruktion des Gebäudes im Jahr 1722, bevor Lassurance die Arbeiten fortsetzte, dann beendeten es Aubert und Gabriel im Jahr 1728. Ursprünglich wurde er für die Tochter von Ludwig XIV., die Herzogin von Bourbon, gebaut, die dem Palast ihren Namen gab. Er wurde 1764 Eigentum des Prinzen von Condé und war durch diesen so vergrößert, bis er das Aussehen bekam, das er heute eindrucksvoll und edel zeigt, dort auf dem Platz, der den selben Namen trägt.

Von 1803 bis 1807 ließ Napoleon durch Poyet die Fassade bauen, die auf der Seine mit jener der Madeleine in Einklang steht, die ihm weit weg am Ende der Rue Royale die Spitze bietet. Die Säulenhalle der Fassade trägt einen durch Cortot skulptierten allegorischen Giebel. Andere allegorische Flachreliefs auf den Flügeln sind Werke von Rude und von Pradier. Das Innere ist reich an Kunstwerken und es war in der Tat Delacroix, der die Bibliothek mit seiner Freske zwischen 1838 und 1845 mit der Bezeichnung «Geschichte der Zivilisation» schmückte, und Houdon, der dort die Büsten von Diderot und Voltaire skulptierte. Zuerst Sitz des Rates der Fünfhundert, dann Abgeordnetenkammer, beherbergt er heute die Nationalversammlung.

>> *Links, der Eiffelturm*
>> *Untenstehend, die nationale Versammlung*

Nicht weit weg von dort, wenn man die Rue de Lille hinaufgeht, bietet sich das MUSEUM VON ORSAY an. Bekannt in der ganzen Welt für seine reiche Sammlung an eindrucksvolle Kunstsammlungen, ist er auch das Museum der ganzen künstlerischen Kreation der westlichen Welt von 1848 bis 1914. Seine Kollektionen stellen alle Ausdrucksformen dar, von der Malerei bis zur Architektur, über die Skulptur, die Dekorationskünste und die Fotografie. Sie werden es auch nicht versäumen, durch die Schönheit des Ortes geblendet zu werden: Eine für die Weltausstellung 1900 im Palaststil eröffnete Station.

Geht man in Richtung der Nationalversammlung hinauf, dann die Seine entlang, so geht man an der BRÜCKE ALEXANDER III., die wir im

vorigen Reiseweg besucht haben und deckt dort die Brücke der Invaliden auf. Eine Hängebrücke mit nur einem Bogen wurde ursprünglich im Jahr 1826 in diesem Ort gebaut. Die mangelnde Erfahrung der Ingenieure und die Geländesenkung haben später die Zerstörung der Brücke verursacht.

Sie wurde im darauffolgenden Jahr durch eine andere Brücke ersetzt, die an fünf Bögen aufgehangen wurde, dann 1854 durch eine Steinbrücke, die man von 1878 an restaurieren musste. Dafür wurde ein provisorischer Steg flussaufwärts aufgestellt, aber er gab im Januar 1879 unter dem Druck des Eises nach. Mitgerissen durch den Strom, verursachten die Überreste den Zusammensturz der Brücke und deren Instandsetzung. Also war sie von 1879 bis 1880 völlig wieder aufbaut. Die Bürgersteige sind im Jahr 1956 mit einem Mauervorsprung erweitert worden.

Das Hotel der Invaliden, ein unermessliches und majestätisches Monument am Ende der Esplanade der **INVALIDEN**, wurde auf Initiative von Ludwig XIV. gebaut, der übrigens am 30. November 1671 den ersten Stein dafür legte.

>> *Das Hotel der Invaliden*

Das Hotel bildet ein Viereck mit beeindruckenden Dimensionen: 450 Metern Länge auf 390 Metern Breite. Die verschiedenartigen Innenhöfe und die Gebäude strecken sich auf etwa 10 Hektar aus.

Die zwei der größten Architekten jener Zeit waren die Autoren: Der strenge Libéral Bruant, von 1671 bis 1674, mit seiner außergewöhnlichen Fassade von 196 Metern Länge und der gewagte Jules Hardouin-Mansart, der ihm 1676 folgte und bei der Gelegenheit die Kirche von Dôme erbaute.

Der Besuch kann mit dem jardin de l'Intendant (Garten des Intendanten) beginnen, ein klassischer Garten, der im Jahr 1980 im Stil des XVIII. Jahrhunderts, mit seinem Bassin, seinen Blumengärten mit den abgesteckten Taxusblumen und seiner Linden-Allee wieder hergestellt wurde.

Die Gegend wird durch die schöne, zwischen 1679
und 1706 von Jules Hardouin Mansart auf einer
Ebene in griechischem Kreuz gebaute Kirche von
Dôme, beherrscht: Die Kuppel, die ihr übersteht, mit
ihrer gipfelnden durchbrochenen kleinen Laterne auf
107 Metern und mit der großen unter der Kuppel von

Charles de La Fosse gemalte Freske, ist das schönste dieser Art, das jemals in Frankreich erhoben wurde. Die Kuppel wurde im Jahr 1989 anlässlich der Zweihundertjahrfeier der französischen Revolution zum fünften Mal seit ihrer Errichtung wiedervergoldet; 12,65 Kilo Gold - 550 000 Goldblätter von 0,2 Mikron Dicke - waren für dieses Vorhaben notwendig. Mit ihrem echten militärischen Pantheon mit den Grabstätten, in denen das Herz von Vauban, die Haut von Turenne und das Herz der Tour

>> Grab von Lyautey
>> Rechts, die Kuppel

d'Auvergne verwahrt werden, empfing die Kuppel hauptsächlich den Schrein von Napoleon I., da ruhen auch seine Brüder Joseph und Jérôme Bonaparte, sein Sohn, der damals der König von Rom war, die Generäle Bertrand und Duroc und die Marschälle Foch und Lyautey.

Eine Fensterscheibe trennt die Domkirche von der Saint-Louis-des-Invalides, die ebenfalls Kirche der Soldaten genannt wird und durch Libéral Bruant gebaut wurde. Links von der Domkirche öffnet sich der Eingang des im Jahr 1905 begründeten gigantischen Museums der Armee, das im Jahr 1995 restauriert wurde, resultierend aus der Fusion des Artilleriemuseums und des historischen Museums der Armee, das seinerseits infolge der Weltausstellung hundert Jahre später entstand.

Das Museum bewahrt auf 8.000 m² 500.000 registrierte Gegenstände auf, darunter die Rüstung von François I., die Pistole von Karl Quint und viele andere Waffen und Uniformen sowie Zeugenaussagen der anspruchsvollen Militärvergangenheit Frankreichs.

>> *Christus am Grab*

Diese Angaben machen aus dem Museum der Armee das wichtigste militärische Geschichtsmuseum Frankreichs und eines der allerersten der Welt. Die ständigen Sammlungen des Museums werden in sogenannten «historischen» Sammlungen verteilt, entsprechend einem chronologischen Vorstellungskreislauf seit dem Altertum bis zum Ende des zweiten Weltkriegs, bereichert an Gegenständen, die zu

«thematischen»
Ensembles gehören
(Embleme, Malereien,
Dekorationen...).Diese
thematischen Sammlungen werden im
Führungsrahmen der historischen Säle
oder in spezifischen Räumen vorgestellt.
Somit empfangen, zum Beispiel, der Turenne-Saal die
Embleme und der Gribeauval-Saal die kleinen Artilleriemodelle.

Man soll es nicht versäumen, ebenfalls das erstaunliche Museum der
Plans Reliefs zu besuchen, das von 1777 an in den Dachgeschossen
der Invaliden und um die von Ludwig XIV. kreierte Sammlung
eingerichtet wurde. So erlaubten die Entwurfsmodelle von Häfen
und starken Festungen den Strategen des Königs, Belagerungen
und Angriffe zu simulieren.

Man tritt durch den gewaltigen Ehrenhof hervor, der 102
Meter lang und 63 Meter breit ist, das heißt eine
Gesamtfläche von 6.426 m², und dessen Galerien von
zahlreichen Kanonen besetzt sind.

Im Grünplatz Santiago-De-Chile dominieren zwei
beeindruckende Ostplatanen eine angenehme grüne
Fläche von 3.300 m², 1865 genutzt und von
verschiedenartigem ätherischem Anbau bepflanzt:
Linden-, Kastanien-, Ahornbäume und Sophoras. Die
Terrasse, die sich vor der langen Fassade des Hotels

der Invaliden erstreckt, ist mit Kanonen geschmückt, die dem Preußenkönig Friedrich II. erbeutet wurden.

Von der anderen Seite und am Rand des Boulevard der Invaliden wurde im Jahr 1865 der Grünplatz von Ajaccio durch Alphand eingerichtet, er schützt eine etwa 150 Jahre alte Ostplatane. Die Esplanade der Invaliden wurde im Jahr 1704 von Robert de Cotte auf einem Geländeteil der Wiese an den Clercs gezeichnet. Ihre Geräumigkeit entspricht vollkommen der Herrlichkeit des Hotels, das ihr vorausgeht: 487 Meter Länge auf 250 Metern Breite. Als Zusatz, eine bemerkenswerte Perspektive auf der Brücke Alexander III. und den gedrungenen Umrissen des kleinen und großen Palastes.

>> *Der Hof der Invaliden*

Begrenzte Lindenalleen erstrecken sich längs der sechs mit Rasen bepflanzten Blumengärten, die in der schönen Jahreszeit von den Parisern zur Entspannung überfüllt werden.

In der Nähe der Invaliden sind im Rodin-Museum die Werke und Kollektionen des Bildhauers Auguste Rodin gesammelt; ein besonderes Hotel aus dem XVIII. Jahrhundert, gebaut von Jacques Gabriel und Jean Auber. Im Park

>> Zouave von der Brücke der Alma

werden einige große Werke des Bildhauers ausgestellt, darunter der berühmte «Penseur» (Denker).

In Richtung der Seine entdeckt man die Brücke der Alma, eine der berühmtesten Brücken von Paris, hauptsächlich wegen ihres Zuave, des Hochwasseranzeigers. Das Wasser stieg nämlich im Jahr 1910 bis zum Bart der Statue auf. Eine erste Brücke wurde gegen 1855 in dieser Gegend von Napoleon III. gebaut, der ihr am 20. September 1854 den Namen seines ersten Sieges in der Crimée (Krim) gab.

Vier Soldatenstatuen schmücken die Pfeiler der Brücke. Der Zuave zog sehr schnell die Sympathie der Pariser an, auf Kosten des Artilleristen, des Feldwebels und des Jägers. Das Werk von Georges Diebolt ist das einzige, was beim Wiederaufbau der Brücke zwischen Mai 1970 und Juni 1974 bewahrt geblieben ist.

Geht man in die Avenue Rapp, so ist der Champs de Mars zu sehen. Er liegt an den Eckpfeilern des Eiffelturms, Es werden dort Gärten eingerichtet, insbesondere ein Blumengarten.

Das geradlinige Profil der Champs de Mars erinnert an die erste Berufung des Geländes: ein Manöverfeld für die Militärschule. Nach seiner Eröffnung im Jahr 1780 wurde er zu einem

>> *Le Champ de Mars (das Marsfeld)*

angesehenen Ort nationaler Anlässe: Fest der Föderation im Jahr 1790, Dekorationsüberreichung durch Napoleon I. im Jahr 1804, dazu im Rahmen mehrerer Weltausstellungen. Seen, Bassins, kurvenreiche Alleen und andere Grotten schmücken die Champs de Mars. Zahlreiche Vögeln fliegen in der Gegend rum, einer der Seltenen in Paris ist die Waldkauzeule, deren Gesang nachts ertönt.

Der Eiffelturm thront auf den Champs de Mars, und ist das erste Beispiel einer Struktur aus Eisen enormer Größe. Er wurde vom Ingenieur und Konstrukteur Gustave Eiffel für die Weltausstellung von Paris im Jahr 1889 entworfen und erbaut.

>> *Büste von Gustave Eiffel*

Ohne seine Wellenübertragungsantenne weist der Turm eine Höhe von 312 Metern auf; zählt man die Antenne dazu, so kommt er auf 324 Meter, und das seitdem man im Januar 2001 an der Antenne Arbeiten geführt hatte. Bis dahin maß er nur noch 318,70 Meter, und das seit 1957, in dem die erste Fernsehübertragungsantenne gestellt worden war.

Der Turm wird auf vier Bogenpfeilern unterstützt, die auf vier kleinen gemauerten Blöcken fixiert sind. Mit der Höhe richten sich die Bögen allmälich auf, dann vereinigen sie sich auf der Ebene des zweiten

Stockwerks in einem einheitlichen und ausgefaserten Fach.

Drei Plattformen, jede bietet eine Aussichtsplatte an; in der ersten befindet sich ebenfalls ein Restaurant.

Der Turm wiegt ungefähr 7.300 Tonnen, dabei sind die Fundamente und die Ausbauten ausgeschlossen, woraus sich eine sehr schwache Last ergibt, nämlich 4 Kg pro cm² Fundamente. Fast an der Turmspitze sind eine Wetterwarte und eine Funkübertragungsstation montiert: die ersten Radio- (1898) und Fernsehversuche (1925) wurden dort durchgeführt. Da stand ebenfalls das Laboratorium von Gustave Eiffel, das Tests über den Windwiderstand durchführen sollte, aber dieses wurde im Jahr 1921 in die Rue Boileau in Paris verlegt.

>> *Sonnenuntergang über Paris*

EINGERAHMT:
DER EIFFELTURM IN EINIGEN ZAHLEN:

>> 2,5 Millionen Nieten.

>> 300 Arbeiter und 2 Jahre (1887-1889) Konstruktion.

>> Schwingung von 12 cm (höchstens) durch starke Winde.

>> Höhenveränderung von 15 cm, je nach der Temperatur.

>> 15.000 metallstücke (außer den Nieten).

>> 40 Tonnen Malfarben.

>> 1.652 Treppenstufen bis zur Spitze.

In der Achse des Champ de Mars überquert die Brücke von Iéna die Seine. Es war Napoleon I., der die Konstruktion einer Brücke in der Achse des Champ de Mars eingeleitet hat. Die Brücke musste «Brücke des Marsfeldes» heißen, aber der Kaiser beschloss, ihr den Namen des Sieges zu geben, den sie dann im Jahr 1806 erhalten hatte.

Nach dem Fall des Imperiums im Jahr 1815 wollten die preußen die Brücke wegen ihres Namens zerstören. Man taufte sie dann von Iéna in «Brücke der Invaliden» um und ersetzte die Kaiseradler durch das königliche Siegel «L». Die Konstruktion der Brücke begann im Jahr 1808 und ging erst 1814 zu Ende. Die Konstruktionskosten wurden durch den Staat übernommen, was für jenes Zeitalter ungewöhnlich war. Die Brücke von Iéna war bezüglich Fassungsvermögen schnell ungenügend schmal geworden und wurde im Jahr 1937 anlässlich der Weltausstellung von 19 auf 35 Metern erweitert.

Gegenüber der Brücke von Iéna herrscht Trocadéro auf dem Hügel von Chaillot. Im XVI. Jahrhundert ließ Catherine de Médicis auf dem Hügel von Chaillot ein Vergnügungshaus bauen, das später vom Marschall von Bassompière erworben wurde.

1651 erwarb die englische Königin Henriette das Schloss, um dort das Kloster Visitation zu gründen, wohin zahlreiche berühmte Damen kommen sollten, um sich zurückzuziehen. Das Kloster wurde später abgerissen, um es durch einen Palast zu ersetzen, den Napoleon für seinen Sohn, den König von Rom, zu bauen wünschte, sein Traum ging aber durch den Fall des Imperiums nicht in Erfüllung.

>> Statuen aus Gold von Trocadéro

Trocadéro zog seinen Namen vom Fort von Cadiz, das 1823 von den Franzosen übernommen wurde, um die absolute Monarchie in Spanien wiederherzustellen. Der Palast Trocadéro, dessen Architektur von der maurischen Kunst geleitet wurde, wurde für die Weltausstellung von 1878 gebaut, und auf dessen Standort wurde der aktuelle Palast von Chaillot im Hinblick auf die Weltausstellung von 1937 gebaut.

Der aktuelle Palast von Chaillot ist das Werk der Architekten Azema, Carlu und Boileau. Er wird aus zwei bogenförmigen Flügeln gebildet, die in die Seine herabsteigen. Zwischen diesen zwei Flügeln dominiert die Esplanade der Menschenrechte die Sicht auf den Eiffelturm und auf das Champ de Mars. Der Palast von Chaillot beherbergt mehrere Museen, darunter das Museum des Menschen, des Kinos der Marine sowie den Filmclub.

>> Der Palast von Chaillot

>> *Der Eiffelturm, von Trocadéro aus gesehen*

Die Weltausstellung von 1937 war ebenfalls eine Gelegenheit für die Konstruktion des Museums moderner Kunst der Stadt von Paris, einige Kalbellängen von Tocadéro entfernt. Dieses Museum, das die Hälfte des Palastes von Tokio in Anspruch nimmt, wurde im Jahr 1961 offiziell eröffnet. Die ständigen Sammlungen illustrieren die meisten Abläufe der französischen und europäischen Kunst des XX. Jahrhunderts, Fauvismus an der zeitgenössischen Kreation und ihre unterschiedlichsten Disziplinen, angefangen mit dem Kubismus, bis hin zur Schule von Paris, über die Abstraktion-Kreation, die lyrische Abstraktion, den neuen Realismus, den Flächensupport, die Povera-

Kunst, die begriffskunst... Die Sektion «geschichtlicher Überblick» organisiert zeitweilige Ausstellungen, die den ausschlaggebenden Bewegungen oder bedeutenden Künstlern des XX. Jahrhunderts und bald des XXI. Jahrhunderts gewidmet sind. Parallel dazu schlägt die zeitgenössische Sektion eine sehr spitzfindige Information über die nationale und internationale Aktualität durch monographische oder thematische Ausstellungen vor und deckt die jungen Talente auf sowie die innovativsten Forschungsarbeiten.

*D*ieses am linken Ufer liegende Viertel entstand aus der Ausdehnung eines Dorfes, das sich um die Kirche **Saint Germain des Prés**, die älteste von den großen Kirchen von Paris, gebildet hatte.

Sie wurde im 6. Jahrhundert durch den merowingischen König Childebert gegründet, der beschloss, die Basilika Sainte-Croix und Saint-Vincent zu bauen, um dort Reliquien und die Gräber der merowingischen Könige aufzubewahren.

Im Jahr 558 fiel die Beerdigung von Childebert mit der Widmung der Basilika durch Saint-Germain, den Bischof von Paris, zusammen. Im IX. Jahrhundert ruinierten die Wikinger die Abtei, folglich wurde das aktuelle Gebäude Ende des X. Jahrhunderts gebaut. Es ließen sich Ordensbrüder von der Kammer der Benediktiner in der Abtei nieder, von der der ausgedehnte landwirtschaftliche Bereich die zwei derzeitigen Distrikte 6 und 7 umfasste.

Unter der Herrschaft von Robert le Pieux unternimmt der Abt Morard im Jahr tausend den Wiederaufbau: Den Turm, das Kirchenschiff, die Kapelle Saint Symphorien und die Apsis. Im Jahr 1163 weihte der Papst Alexander III. den neuen Kapellenchor ein, der alte war zu klein gewesen.

>> *Brunnen der Kirche Saint Sulpice*

Von den Mauristen sehr umgestaltet im XVII. Jahrhundert, die ihr einen außergewöhnlichen geistigen Aufschwung gaben, wurde die Abtei zu einer Kirchengemeinde und setzte sich aus einem romanischen Kirchenschiff, aus einem Querschiff und aus einem Chor mit fünf strahlenden Kapellen zusammen.

Auf ihrer westlichen Fassade gestattet sie ein gotisches Tor sowie einen Kirchturmportal, einer der ältesten Frankreichs, dessen drei ersten Stockwerke auf vor 1014 datieren.

Was das Viertel Saint Germain des Prés betrifft, es zeugt von einem wichtigen intellektuellen Leben, da es eine medizinische Fakultät umfasst, eine Schule der schönen Künste sowie berühmte Brauereien und literarische Cafés: Am Bild von «Procop», eines der ältesten Cafés von Paris, wo sich mehrere literarische und politische Generationen trafen,

beginnend mit Voltaire und den Encyklopedisten, oder «zwei Magots», der Brauerei «Lipp» und «der Flore», all diese werden von den Intellektuellen der Nachkriegszeit besucht, wie Malraux, Camus, Prévert, Sartre, Simone de Beauvoir, Juliette Gréco...

Geht man den Boulevard Saint Germain hinauf und biegt nach rechts in die Rue du Four ab, dann gleich links in die Rue Bonaparte, so findet man den Platz Saint Sulpice, auf dem sich die Kirche gleichen Namens befindet.

Auf dem aktuellen Standort der **KIRCHE SAINT SULPICE** gab es im IX. Jahrhundert eine parochiale Kirche, die von der benachbarten Abtei Saint Germain des Prés abhing, die wir soeben erwähnt haben.

Zwischen dem XIII. und dem XV. Jahrhundert wieder aufgebaut, bildete sie dann ein reizendes gotisches Gebäude, dessen Gravuren uns den Umriss bewahrt haben, und das im XVII. Jahrhundert jedoch offenkundig ungenügend geworden war. Dann beschloss im Jahr 1642 der neue Pfarrer, Jean- Jacques Olier, Gründer des berühmten Seminars und der religiösen Kongregation, gemäß Pläne des Architekten Christophe Gamard, seine Kirche wieder aufzubauen. Der erste Stein des Gebäudes wurde vom Herzog von Orleans im Jahr 1646 gelegt. Gamard, im Jahr 1665 gestorben, wurde von Louis Le Vau ersetzt, dem im Jahr 1670 Daniel Gittard folgte. Die Chapelle de la Vierge (Kapelle der Jungfrau) und das Chor mit seinem Chorumgang waren im Jahr 1675 vollendet, als die Arbeiten am Viereck des Querschiffs und der Nordsprosse begannen.

Das Innere reproduziert den Plan und erreicht die Dimensionen einer mittelalterlichen Kathedrale mit seinem Schiff aus fünf von Seitenschiffen und von Kapellen gedeckten Jochen, mit seinem breiten Querschiff, mit seinem Chor aus zwei geraden Jochen und mit seinem dreikantigen Halbkreis, die einen Chorumgang und Kapellen umgeben. 120 Meter Länge, 57 Meter Breite, 30 Meter Höhe unter dem zentralen Gewölbe: Dies sind die Maße dieses großartigen Kirchenschiffs, dessen Dekorationszusammenstellung aus Italien geliehen wurde, dessen monumentale Konzeption jedoch authentisch französisch ist.

Die Fassade setzt sich aus zwei ausgedehnten antiken Säulenhallen zusammen, die eine nach dorischem und die andere nach korinthischem Stil, die zwischen zwei Türmen von einem weiten dreieckförmigen Giebel überdeckt sind. Auf dem Hof der Kirche steht der sogenannte Brunnen «der vier Bischöfe», Massillon, Fléchier, Fénelon und Bossuet. Es war eine Kreation des Architekten Ludovico Visconti.

Die Kirche Saint Sulpice ist die größte und die am meisten geschmückte Kirche jesuitischen Stils. Sie ist auch eine der meist besuchten Kirchen in Paris und sie kennt überdies seit der Herausgabe des Bestsellers «Da Vinci Code» eine neue Begeisterung, als Ort einer der Intrigen im erwähnten Buch.

Im nicht weit weg von dort stehenden **PALAIS DU LUXEMBOURG** tagt der Senat, der seit 1958 das Oberhaus des französischen Parlamentes ist.

Der Standort, in dem sich heute die Gärten und der Palais du Luxembourg befinden, war am Anfang ein römisches Lager. Als Les Chartreux sich dort im Jahr 1257 niederließ, war dieser grüne Ort eine schlecht verrufene Stelle, so sehr, dass man ihn als unheilvoll betrachtete. Les Chartreux beschloss, ihn zu einem blühenden Kloster umzuwandeln.

Maria von Medici kaufte 1612 das Hotel des Herzogs Von Luxembourg und ließ 1615 durch Salomon de Brosse ihre Päläste in einem Renaissance-Stil errichten, was sie an ihren Geburtsort Toskana erinnern ließ. Trotz deren Exils blieb der Palast Eigentum der königlichen Familie bis zur Revolution. Die Gärten wurden vergrößert und übertraten die Grundstücke von Chartreux, heute bieten sie eine prächtige Anlage für die Spaziergänger an.

Die Jardins de Luxembourg bilden mit ihrer Fläche von 25 Hektar, in der Tat, eine der größten Parkanlagen der Hauptstadt.

Der Grundsatz des öffentlichen Gartens, verschieden vom fürstlichen Garten, dass die Gutmutigkeit seiner Eigentümer der Neigung des Volkes anvertraut wird, herrschte erst Ende des zweiten Imperiums vor. Der endgültige Genuss wurde dem «vulgum pecus» erst gegeben, nachdem der Graf der Provinz - der künftige Ludwig XVIII. - Eigentümer des Palais du Luxembourg wurde. Gegen einen bescheidenen Einfuhrzoll konnte man durch Getränke den Durst löschen und sich von geernteten Früchten aus dem Obstgarten ernähren.

>> Blick vom Luxemburg- Garten

Die Jardins du Luxembourg verfügen über zahlreiche Monumente und Statuen. Das berühmteste ist «die Medici-Fontaine», die sich auf einem Giebel aus Waffen der Königin erhebt. Es war wahrscheinlich ein Werk von Salomon de Brosse im Stil italienischer Grotten gebaut. Geht man in Richtung des großen Bassins, so darf man «den Maskenhändler» nicht versäumen, der durch Zacharie Astruc im Jahr 1883 angefertigt wurde und dessen Sockel von den Gesichtszügen von Corot, Dumas, Carpeaux, Fauré, Delacroix, Balzac und Barbier d'Aurevilly umschlossen ist.

Die Luxembourg war von den Einwohnern des Viertels sehr besucht und wurde zudem ein Vorliebeort großer Schriftsteller, unter denen Baudelaire, Lamartine, Musset, Verlaine, Victor Hugo, George Sand, Balzac, Hémingway und Sartre.

Die Bienenstöcke, der Rosen- und der Obstgarten sind Nachklang für die Tradition im Gartenbau der Kartäusermönche und der Baumschule, diese Tradition bestand vor den Arbeiten von Haussmann am Standort der aktuellen rue Auguste Comte.

>> Pantheon- Platz

Vor dem Nordeingang der Jardins du Luxembourg bemerkt man das **PANTHÉON**, das den Berg Sainte- Geneviève überhängt. Inmitten des lateinischen Viertels, der Schulen und der Universitäten, beherrscht das Pantheon ganz Paris.

Während fast des ganzen XIX. Jahrhunderts und lange vor dem Eiffelturm, der Sacré-Cœur von Montmartre oder dem Montparnasse-Turm, war das Panthéon das erste Monument, das der Besucher bemerkte, der nach Paris ankam, und jenes, wovon er die ganze Stadt in einem wirklich panoramischen Anblick bewundern konnte.

Die Basilika Sainte-Geneviève, die unter der französischen Revolution Panthéon wurde, stellt eine meisterhafte Zusammenstellung über die Architektur vom Ende des XVIII. Jahrhunderts dar, gleichviel wie ein immer lebender Zeuge der Geschichte Frankreichs seit mehr als 250 Jahren.

Das Panthéon wird als ein Verwirklichungsmodell angesehen, das nach einem Gelehrten aus dem Zeitalter der Aufklärung «die Leichtigkeit der Konstruktion der gotischen Gebäude mit der Reinheit und der Herrlichkeit der griechischen Architektur» verbindet. Meisterarbeit vom Architekten Soufflot, Das Panthéon lässt sich als Erneuerung des pariser Urbanismus zählen, der aus ihm eine unumgängliche Sehenswürdigkeit bei der Besichtigung der Monumente der Hauptstadt macht.

Durch seine Lage auf dem Gipfel des Berges Sainte-Geneviève ist es in der Stadt ein Bezugspunkt und es bleibt in den Augen aller als die Seele des lateinischen Viertels. Berühmt für seine Kuppel, bewundernswerter Gleichgewichtsaufbau, alles in Harmonie, dies gilt auch für die Innenausstattung. Der Dekor ergibt sich aus den widersprüchlichen Bestimmungen, die das Monument seit der Revolution gekannt hat, es mischt christliche und republikanische Symbole in einer großen ideologischen Verwirrung. Ob Kirche, Tempel der Menschheit oder nationale Basilika, je nach Regime. Die Malereien, die auf den Seiten des Schiffes angebracht sind, spiegeln durch die Intensität ihrer Botschaft den künstlerischen Synkretismus der dritten Republik wider, insbesondere jene von Puvis de Chavanne.

Über den Eindruck der Macht hinaus, der durch das Bauwerk hervorgerufen wird, ist heute das Panthéon vor jeder anderen Erwägung eine republikanische Nekropole (großstädtischer Friedhof) geworden, wo sich die Geschichte Frankreichs mit der Welt der Schriftsteller, der Wissenschaftler, der Generäle, der Geistlichen, der Politiker... verschmilzt. Geht der Besucher die Eingangssäulenhalle hindurch, so kann er nur noch angesichts der Festlichkeit der Räume wiederfinden und er bleibt durch die Raumgröße beeindruckt. Einzig das Schwingen des im Zentrum des Gebäudes befindliche Pendels, das die im Jahr 1851 durch Foucault auf der Rundheit der Erde durchgeführten Versuche wiedergibt, scheint, die tiefe Stille zu stören. In der Krypta liegen mehr als 70 Persönlichkeiten begraben, von Voltaire und Jean- Jacques Rousseau bis Alexandre Dumas, der am 28. November 2002 bestattet wurde.

le **MUSÉUM D'HISTOIRE NATURELLE** (Das Museum natürlicher Geschichte), am Fuß des Berges Sainte Geneviève entstand im Jahr 1635 und trug dann den Namen «königlicher Garten der Heilpflanzen». Er wurde im Jahr 1793 zum nationalen Museum natürlicher Geschichte, mit Aufgaben jene, die noch heute die seine sind, und zwar im Bereich der Natur- und Geisteswissenschaften: Die Aufbewahrung und Anreicherung der Sammlungen, die Grundlagen- und angewandte Forschung, die Lehre und die Verbreitung der Kenntnisse zugunsten der Öffentlichkeit.

Das Museum ist eine der drei weltweiten Institutionen, die die größte Anzahl der Sammlungen umfassen, die die Natur betreffen. Außer, dass sie ein Kulturgut universellen Wertes darstellen, erlauben diese Sammlungen den

Forschern, die Bilanz der Artenvielfalt unseres Planeten aufzustellen.

Mit dem Museum sind Namen großer Wissenschaftler verbunden und zahlreiche wissenschaftliche Entdeckungen markieren die Geschichte dieser Einrichtung. Buffon, Geoffroy Saint-Hilaire, Cuvier, Lamarck, Sébastien Vaillant deckten dort die Sexualität der Pflanzen auf, Claude Bernard stärkte dort seine Entdeckungen auf der glycogenetische Funktion der Leber, René-Just Haüy legte dort die Grundgesetze der Kristallographie fest.

Im Jahr 1896 entdeckt Henri Becquerel, Professor am Laboratorium der angewendeten Physik und Spezialist im Bereich der Lumineszenz, wie es sein Vater, Edmond Becquerel war, im ersten Stockwerk eines kleinen Gebäudes im Garten der Pflanzen, das auf der Rue Cuvier liegt, die «astronomischen Strahlen».

Die Entdeckungen von Becquerel und von Marie und Pierre Curie finden heute Anwendungen und dienen den Forschungsarbeiten zahlreicher Laboratorien des Museums, in Mineralogie, in physikalischer Meereskunde, in Paläontologie, in Urgeschichte, in Chemie, in Biophysik, in Molekularbiologie •

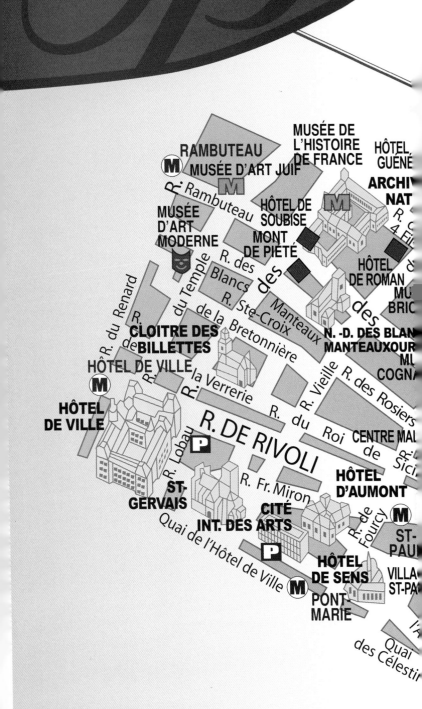

Früher fühlte sich die Stadt, Wiege von Paris, zwischen den zwei Seine-Armen verengt. Auf dem rechten Seineufer dehnten sich flache Gelände aus, die durch jeden Anstieg des Flusswasserpegels überschwemmt wurden - die Sümpfe.

Das Moorland tauchte als ein Viertel im XIV. Jahrhundert auf. Die Einrichtung des Königs Charles V., eher im Hotel St-Pol, als im Stadtpalast, trieb die Ostbefestigungen der Stadt zu erweitern und dort die Sümpfe, die in der Gegend angebaut wurden, einzuschließen. Der neue königliche Sektor zog schnell die großen Herren und die Händler heran und füllte sich mit luxuriösen Hotels. Diese Urbanisierung setzte sich drei Jahrhunderte fort. Ihren Höhepunkt erreichte sie unter Heinrich IV., insbesondere mit der Errichtung der Place Royale, des aktuellen Ortes der Vogesen.

Im XVIII. Jahrhundert rückte das große Bürgertum richtung Westen und näherte sich Versailles. Es ließ somit den Handwerkern und den Landleuten Platz. Nach der Revolution wurden die Klöster und die großen Wohnsitze, die nationale Güter geworden waren, zerstört oder aus Sorge um Rentabilität aufgeteilt. Die industrielle Revolution brachte es fertig, das Viertel umzugestalten, das sich nach und nach in der Gesundheitsschädlichkeit versank.

Man musste die dreißiger Jahre abwarten, bis eine Überlegung die Weichen für die Zukunft des Sumpfes stellte. Die Modernisten, die für das Entfernen der Gebäude und für die Konstruktion der Türme, wie von Le Corbusier gezeigt, predigten, widersetzten sich der Schule Giovannoni, Anhänger der Renovierung. Dieser war der letzte Einfall, dem der Schutz der Stadtsiedlung mit dem Malraux-Gesetz vom Jahr 1962 bedurfte. Seitdem konnte das Viertel von seiner Asche wiedererstehen und den Charme und die Wirksamkeit wiederfinden, die man an ihm kennt.

>> *Das Rathaus,*
Fassade und Statue

An der einen Seite von der Rue de Rivoli, an der anderen Seite von der Seine umrahmt, ist der Rathausplatz durch die breite Fassade des **RATHAUSES** völlig dominiert.

Das Rathausgebäude, das das Bürgermeisteramt von Paris beherbergt, ist im Jahr 1882 in einem Renaissance-Stil nach dem Modell des alten Rathauses, das bei den Ereignissen der Kommune im Jahr 1871 angezündet worden war, erbaut.

Die wachsende Bedeutung, die im Mittelalter vom Bürgertum übernommen wurde, gab der Stadt eine neue Verwaltungsart, an deren Spitze der Befehlshaber stand. Letzterer wurde unter Saint Louis zum königlichen Beamten ernannt, während die Bürger durch Schöffen beim König vertreten wurden. Die Fähigkeit der Händler, die die Flussschiffahrt nutzten, äußerte sich in der Erwählung ihres Siegels als Stadtwaffe. Die Devise der Stadt im Latein «Fluctuat nec mergitur» - was «er schwimmt ohne unter Wasser gesetzt zu werden» - bedeutet, zeugt noch heute von der Bedeutung des Flussbetriebs in der Entwicklung von Paris.

Im Mittelalter befand sich die Gemeinde auf der Place de Grève, in einem Gebäude, das seinerzeit «Haus der Pfeiler» genannt wurde, in dem Etienne Marcel, Befehlshaber von Paris, den Erwerb machte. Im XVI. Jahrhundert bestellte François I. ein neues Gebäude für die Gemeinde beim Architekten Dominique de Cortone, genannt Boccador.

Das Rathaus war Schauplatz zahlreicher politischer Ereignisse, insbesondere als Ludwig XVI. am 17. Juli 1789 dort die dreifarbige Signalscheibe erhielt. Am 04. September 1870 wurde die Republik am Rathaus verkündet, und schließlich wurde die Gemeinde von Paris am Rathaus eingeführt, bevor das Gebäude in Brand gesetzt wurde.

>> *Statue auf der Fassade des Rathauses*

Die inneren Einrichtungen spiegeln die Empfänge, die im Rathaus stattgefunden haben, wider.

>> Reiterstatue von Louis XIII.

Inmitten des Sumpfes ist die **STELLE DER VOGESEN** ein vollkommenes Viereck mit einer Seitenlänge von 108 Metern, das in seinem Zentrum, mitten der Bäume und der Erdgeschosse, über eine Statue aus Marmor von Ludwig XIII. als Reiter verfügt, eine Kopie von jener von P. Biard, die während der Revolution zerstört wurde.

>> *Eingangstor eines der Pavillons, Vogesen- Platz*

Der Ursprung dieser Stelle geht auf das Jahr 1559 zurück, als der während eines Turniers verletzte Heinrich II. ins Hotel der kleinen Türme gebracht wurde, wo er auch starb. Catherine de Medicis beschloss dann, es zu zerstören. Später unternahm Heinrich IV. die Konstruktion einer Stelle, die Seidenherstellungen aufnehmen sollte, deren Arbeiten in 1612 vollendet waren.

Der Platz der Vogesen setzt sich aus sechsunddreißig Pavillons - neun an jeder Seite -zusammen, wo der Pavillon des Königs und der der Königin als erste gebaut wurden. Der Ort wurde rasch zu einer beliebten Gegend und die Hofsangehörige ließen sich prachtvolle Wohnsitze errichten.

>> *der Brunnen vom Grünplatz des Ludwig XIII., Vogesen- Platz*

Gegen das Jahr 1800 wurde der ursprünglich unter dem Namen Place Royal getaufte Place des Vosges zum letzteren umbenannt, zu Ehren des ersten Departements, das seine Steuern entrichtet hatte.

Victor Hugo, dessen Haus man noch heute besichtigen kann, wohnte etwa 16 Jahre lang in der Place des Vosges Nr. 6.

Nicht weit weg von dort, im Hôtel Salé (gesalztes Hotel) in der Thorigny-Straße Nr. 5, sind im **PICASSO-MUSEUM** die Werke von Pablo Picasso gesammelt, die der Staat nach dem Verscheiden des Künstlers zur Verfügung gestellt hatte, aber auch dessen persönliche Sammlung. Die Bauarbeiten vom Hôtel Salé, für den zur Entnahme der Salzsteuer beauftragten Landwirt der Gabelles, Pierre Aubert, dauerten von 1656 bis 1659.

>> *Der Hof vom Carnavalet- Museum*

Im Jahr 1880 wurde in der Rue Sévigné 23 das **CARNAVALET-MUSEUM** geöffnet. Dieses Museum wurde der Geschichte von Paris von ihren Anfängen an, bis unseren heutigen Tagen gewidmet.

>> *Das Carnavalet- Museum*

In den Hôtels Carnavalet und dem Peletier de Saint-Fargeau werden außergewöhnliche Sammlungen präsentiert, die in Hallen ausgestellt sind, die die Atmosphäre der privaten Wohnsitze vom XV. bis zum XIX. Jahrhundert widerspiegeln : Gallo-römischer und mittelalterlicher archäologischer Grund, Erinnerungen an die französische Revolution, Malereien, Skulpturen, Möbeln und Kunstgegenstände. Ein wichtiges Kabinett von Zeichnungen, von Prägestempeln und von Photografien vervollständigt dieses einmalige Kulturgut ●

Louvre

R. Montmartre

R.

du

Étienne Mar

ST-EUSTACHE

Rue

BOURSE DU COMM.

R. Rambuteau

LES HALLES

Rue

PRÉF

PAVILLON DES ARTS

P

R. Berger

FORUM

M

R

CH

LE

P

Rue des Halles

Rue St

CHÂTELET

M

ÉTIENNE MARCEL

R. aux Ours

TH.
MOLIÈRE

CENTRE
POMPIDOU

S

St-Martin

RAMBUTEAU

M

P

M MUSÉE
D'ART
MODERNE

8. Strecke

Die Markthallen und das Pompidou-Zentrum

*D*ie Geschichte des Markthallenviertels ist älter als eintausend Jahre. **Die Markthallen** von Paris wurden ab dem XII. Jahrhundert auf « les Champeaux, (den Hüten)», auch Kleine Felder genannt, errichtet, die aus alten Sümpfen bestanden.

Einige Jahre später erwarb Philippe-Auguste das gesamte Geländelandgut durch Zahlung einer Lizenzgebühr an das Bistum von Paris. Somit entstand ein unermesslicher «Basar», in dem sich an bestimmten Standorten Lebensmittelwaren, Textilien, Schuhe, Kurzwaren... verkaufen ließen. Die Händler ließen sich in privaten Unterschlümpfen in der Nähe von den Häusern nieder, wo die stationären Handelsgeschäfte der Hersteller standen. Somit ist die Straße der Grande Friperie (Großer Altkleiderladen) ein Ort für den Altkleiderhandel. Allmälich kamen andere Händler und ließen sich nieder, um diejenigen herum, die auch bereits ihren eigenen Platz hatten.

In Anbetracht der Steigerung des Austausches ließ Philippe Auguste die ersten Markthallen für die Tuchfabrikanten und die Handweber bauen, aber der Markt dehnte sich weiterhin dermaßen aus, dass man ab dem XVI. Jahrhundert eine Neugestaltung und eine Erweiterung der Wege in Betracht ziehen musste.

Auf Erdgeschossebene beginnend ließ man Häuser mit Säulenhallen oder bedeckten Galerien bauen, die unter dem Namen «Pfeiler der Markthallen» bekannt waren, die bei der Konstruktion der Baltard-Pavillons verschwanden. Wegen der Stockungen des Marktes der Markthallen errichtete man im Jahr 1763 «die Getreide-Markthalle», an der Stelle des Soisson-Hotels. Man erkennt noch heute die astronomische Kolonne von Catherine de Médicis, die den Umfang des Gebäudes umschließt, das eine Handelsbörse geworden ist.

Der Friedhof der Unschuldigen, der sich zwischen den Straßen Saint-Denis, Lingerie, Ferronnerie und aux Fers befand, wurde 1789 seinerseits in einen Blumen-, Obst- und Gemüsemarkt bewirtschaftet.

Die französische Revolution und danach das Kaiserreich änderten die städtische Anschauung der Stadt. Das Herz von Paris litt unter Hygiene- und Sicherheitsproblemen und man begann, sich über die Versorgung der Hauptstadt Gedanken zu machen.

Im Jahr 1808 unternahm Napoleon I. eine zusammenhängende Neugestaltung der bedeckten Märkte und erstellte eine Regelung für die Schlachtung der Tiere. Er plante, eine zentrale Markthalle zwischen dem Markt der Unschuldigen und der Getreide-Markthalle bauen zu lassen.

Die Probleme hinsichtlich Verkehrs und Hygiene tauchten von 1830 an wieder auf, was Präfekt Rambuteau anregte, im Jahr 1842 die Kommission der Markthallen ins Leben zu rufen, die die Aufgabe hatte, zu untersuchen, das Interesse, die Markthallen an derem Ort zu hüten, oder sie zu verlagern. Den im Jahr 1848 geführten Architekturwettbewerb errang Victor Baltard, der plante, zwölf durch Fensterverglasung geschützte Pavillons zu bauen, mit Glasinnenwänden und kleinen Säulen aus Guss. Zehn Pavillons wurden zwischen 1852 und 1870 gebaut. Die Konstruktion der zwei Letzten wurde im Jahr 1936 vollendet.

Der Mangel an verfügbaren Flächen, die bei der Erneuerung des zweiten Imperiums durch die neu errichteten Konstruktionen in der Klemme steckten; die Verkehrsdichte; die Probleme hinsichtlich Hygiene und Marktbetriebs angesichts des Bevölkerungswachstums in Paris und Umgebung und ihrer Bedürfnisse, all das führte dazu, im Jahr 1963 die Verlegung aller Marktaktivitäten von gros des Halles nach Rungis und Villette zu beschließen.

Die so getroffene Entscheidung sah dann vor, um das Zentrum von Paris zu entlasten und dort eine Grünfläche freizulegen, ein unterirdisches Programm an Ort und Stelle der alten Markthallen zu schaffen. Auf Bodenhöhe enthielt das Einrichtungsprogramm eigenwillig kein institutionelles Gebäude, das eine Monumentdarstellung machen könnte, um die Kirche Saint-Eustache und die Handelsbörse diese Rolle spielen zu lassen, die die Krönung aller Perspektiven wurden.

Somit ist das Forum der Markthallen im Jahr 1986 vollendet. Die Aktion der Markthallen stellte die größte Bauausführung unterirdischen Urbanismus dar, die in Frankreich jemals unternommen wurde, mit einer Ausstattung von mehreren Hektar auf vier Ebenen.

In der Nähe vom Forum der Markthallen hat das ZENTRUM GEORGES POMPIDOU die siebziger Jahre durch seine High-Tech-Architektur markiert, das einen gewagten Kontrast im alten Beaubourg-Bezirk anbietet. Gebaut auf Entscheidung des Präsidenten Georges Pompidou beherbergt dieser hohe Platz moderner und zeitgenössischer Kultur das nationale Museum moderner Kunst, die öffentliche Informationsbibliothek (BPI), die für alle geöffnet ist, Ausstellungsgalerien, Kino-, Schauspiel-, Konzertsäle und ein Forschungszentrum zeitgenössischer Musik (IRCAM).

Das nationale Museum moderner Kunst bietet eine der schönsten Sammlungen der Welt an, von der modernen und zeitgenössischen Kunst aus dem Jahre 1905 bis den heutigen Tag: Miró, Giacometti, Dubuffet, Picasso, Matisse, Léger, Chagall, Kandinsky, Warhol, Ben, César... Die Brancusi-Werkstatt stellt eine großartige Sammlung der Werke von Constantin Brancusi vor, Hauptkünstler in der Geschichte der modernen Skulptur •

.9.Strecke.
DER MONTMARTRE-HÜGEL

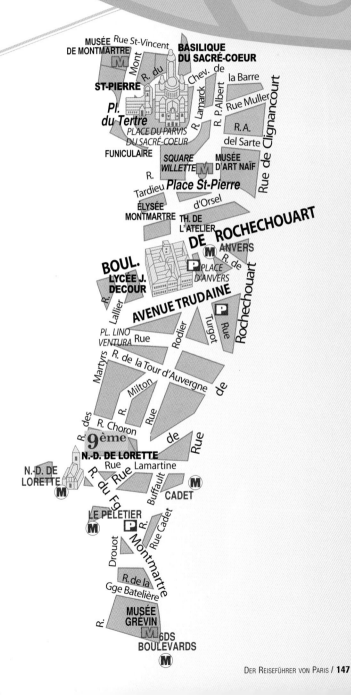

MUSÉE
DE MONTMARTRE Rue St-Vincent
**BASILIQUE
DU SACRÉ-COEUR**
ST-PIERRE
R. du Mont
Chev. de
la Barre
*Pl.
du Tertre*
R. Lamarck
R. P. Albert
Rue Muller
*PLACE DU PARVIS
DU SACRÉ-COEUR*
R. A.
del Sarte
Rue de Clignancourt
FUNICULAIRE
SQUARE
WILLETTE
MUSÉE
D'ART NAÏF
R.
Tardieu *Place St-Pierre*
d'Orsel
ÉLYSÉE
MONTMARTRE
TH. DE
L'ATELIER
DE ROCHECHOUART
ANVERS
R. de
BOUL.
**LYCÉE J.
DECOUR**
P
PLACE
D'ANVERS
R.
Lallier
AVENUE TRUDAINE
Rochechouart
P
*PL. LINO
VENTURA*
Rue Rodier Turgot
Rue
Martyrs
R. de la Tour d'Auvergne
de
Milton
R.
Rue
R. des
R. Choron
9ème
de
N.-D. DE LORETTE
Rue
N.-D. DE
LORETTE
Rue Lamartine
R. du Fg
Buffault
Rue
CADET
LE PELETIER
P
R.
Rue Cadet
Montmartre
Drouot
R. de la
Gge Batelière
**MUSÉE
GRÉVIN**
R.
GDS
BOULEVARDS

COR JESU SACRATISSIMUM

*D*as **GRÉVIN-MUSEUM** steht an den großen Boulevards, die von der Bastille bis zur Madeleine einen ausgedehnten Kreisbogen von mehr als vier Kilometern bilden und ist seit 1882 geöffnet. Es widmet jedes Jahr die großen dieser Welt. Infolge neuer Arbeiten wurden 280 Wachsstatuen - darunter 80 neue - nunmehr in verschiedenen mit Ton untermalten Verzierungen vorgeführt. Eine Neuheit: Es ist möglich, Ihnen neben Ihrem Lieblingsstar photographieren zu lassen. Sie werden ebenfalls die kostbaren Stunden der Geschichte Frankreichs durch 50 Persönlichkeiten verschiedener Epochen wieder aufleben.

>> *Eingang des Grévin-Museums*

Die Besichtigung setzt sich mit dem legendären Museumstheater fort, wo sich «Ganz-Paris» kreuzt und Sie werden sich im Palast der Trugbilder verwundern, der nicht aufhört, immer zu erstaunen... Seit der Weltausstellung des Jahres 1900. Schließlich und dank der neuen Bild- und Licht-Technologien taucht Sie der Bilderdurchgang in ein phantastisches Metamorphoseuniversum zwischen Illusion und Wirklichkeit.

>> *Links, die Kuppel von Sacré-Cœur*
>> *Unten, Wachsstatuen des Grévin-Museums*

Während der **MONTMARTRE-HÜGEL**, auch als gekrönter Hügel der römischen Tempel der Abtei von Montmartre, politischer Hügel von Henri IV. an der Gemeinde, dieses Viertel beherrscht, hat er sowohl seine kulturelle als auch künstlerische Identität bewahrt, indem er die größten bildlichen Bewegungen des XIX. und XX.

Jahrhunderts aufgenommen hat (Impressionismus, Kubismus, Fauvisme, Futurismus, Surrealismus). Montmartre bleibt heute ein Ort des Lebens und historischer und kultureller Entdeckungen mit mehr als sechs Millionen Besucher, die mögen, in den typischen Gassen vom alten Paris umherzugehen.

>> *Seilbahn von Montmartre*

Auf dem Gipfel des Hügels steht die **SACRÉ-CŒUR VON MONTMARTRE**, eine Wallfahrtskirche.

Die Basilika Sacré-Cœur ist auf Wunsch der katholischen Kirche entstanden, als Buße für die «revolutionären Verbrechen» der aufständischen Bewegung der Gemeinde und um über die Niederlage Frankreichs vom Jahr 1870 im Krieg gegen Preußen hinwegzukommen.

Die Arbeiten, die durch eine nationale Unterzeichnung finanziert wurden, begannen im Jahr 1876 unter der Leitung des Architekten Paul Abadie (1812-1884). Sie verliefen wegen der schlechten Bodeneigenschaften sehr schleppend und wurden bis zum Jahr 1914 verlängert. Die Basilika wurde schließlich im Jahr 1919 eingeweiht.

Die Basilika weist ein Kirchenschiff von großer Dimension auf (100 Meter Länge auf 50 Meter Breite), ausreichend, die Pilgermassen aufzunehmen.

Mit der Höhe ließ sich Abadie von der in römisch-byzantinischem Stil gebauten Kirche von Saint Front de Périgueux inspirieren, die er selbst restauriert hat. Die völlig aus weißem Stein gebaute Sacré-Cœur, umfasst vier Kuppeln, die ihrerseits eine 94 Meter große Kuppel umzingeln. Ein 94 Meter hoher Glockenturm enthält eine im Jahr 1895 gegossene große Glocke, die 19 Tonnen wiegt.

Die Hauptfassade wird an den breiten Bronzetüren von den Reiterstatuen von Saint Louis und Jeanne d'Arc eingerahmt. Sie

öffnet sich auf einem Vorplatz, der die Stadt von Paris beherrscht und erlaubt, eine großartige Sicht auf die Hauptstadt zu genießen. Von Innen wird die Apsis mit einem unermesslichen 475 m² großen und von Luc-Olivier Merson signierten großartigen Mosaik geschmückt, das die Dreifaltigkeit und die Hingebung Frankreichs an Sacré-Cœur darstellt.

Zahlreiche Statuen schmücken ebenfalls die Kapellen. Die Basilika Sacré-Cœur ist eines der berühmtesten und meist besuchten Monumente in Paris ●

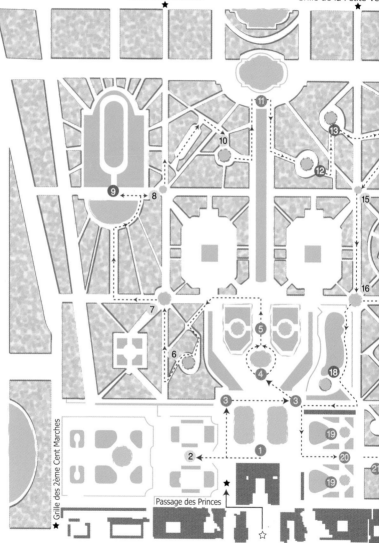

Grille des Matelots

Grille de la Petite Ve

Grille d'Honneur

Passage des Princes

Grille des 2ème Cent Marches

Das Schloss Versailles

Grille de Neptune

23

24

Grille du Dragon

10. STRECKE

DAS SCHLOSS VERSAILLES

*J*edes Jahr überqueren etwa zehn Millionen Besucher die Gitter des Schlosses Versailles, das im UNESCO-Weltkulturerbe eingetragen ist. Königliche Residenz, Geschichts-Museum, das Schloss ist ebenfalls ein nationaler Palast, Sitz des im Kongress versammelten Parlaments.

Versailles
PARIS

Mehr als etwa hundert Stücke sagen über die Prachten der alten königlichen Residenz aus, während etwa hundert andere auf mehr als zehn tausend Quadratmetern das unter Louis- Philippe entstandene Museum der Geschichte von Frankreich enthalten.

Außer den drei historischen Wohnsitzen, nämlich Château, dem Grand Trianon und dem Petit Trianon, umfasst das Gebiet von Versailles den durch Le Nôtre entworfenen großen Barockgarten, die Trianon- und die Hameau- Gärten der Königin Marie-Antoinette sowie einen bewaldeten Park, der auf beiden Seiten des Grand Canal liegt.

Hinzu kommen zahlreiche Gebäude und Nebengebiete auf mehr als achthundertfünfzig Hektar. Das sich in der Grande Ecurie (im großen Stall) befindliche Museum der Karossen (Kutschen) stellt eine Sammlung von Kutschen aus dem XIX. Jahrhundert sowie Schlitten und Trägerstühle königlicher Herkunft vor.

>> Das Schloss Neuf

Das Schloss Versailles bleibt ebenfalls ein wichtiges Foyer für Kreation und kulturelle Veranstaltungen. Es bietet jedes Jahr zahlreiche Besichtigungsvorträge, Ausstellungen, Veröffentlichungen an sowie Vorstellungen, die zur königlichen Oper, in der Kapelle oder in den Gärten, die größten Namen des Theaters und des Tanzes verbinden.

Parallel dazu und seit dem XIX. Jahrhundert sind in den Schlossmauern Verwaltungen des Senats und der nationalen Versammlung untergebracht sowie das Museum der parlamentarischen Institution, das im Jahr 1995 gegründet wurde.

>> Giebel eines Flügels des Schlosses Neuf

GESCHICHTLICHER ÜBERBLICK DES SCHLOSSES VERSAILLES

Vom bescheidenen Wohnsitz, den König Ludwig XIII. am Ende seiner Jagdtage in Château wieder traf, Symbol der königlichen Kraft, das jedes Jahr drei Millionen Personen besuchen, sind schon fast vierhundert Jahre vergangen.

Das Schloss Versailles, königlicher Wohnsitz, der mit dem Siegel von Ludwig XIV. gekennzeichnet wurde, erfuhr im Laufe von vier Jahrhunderten zahlreiche Umgestaltungen, beinahe wäre es zerstört, doch schließlich wurde es zum Museum.

> LUDWIG XIV. BAUT DAS SCHLOSS UM

Gekommen auf der Jagd mit seinem Vater Heinrich IV. auf den Grundstücken von Versailles, beschloss der sehr junge Ludwig XIII. im Jahr 1623, dort einen kleinen Pavillon zu bauen, wohin er sich weit weg vom Hof zurückziehen mochte. Einige Jahre später, nämlich im Jahr 1631, vertraute er Philibert Le Roy dessen Erweiterung an. Das dreifarbige aus Mauerziegeln, Steinen und mit Schiefern bedeckte Gebäude wurde von Saint-Simon als «kleines Kartenschloss» bezeichnet.

Als Nachfolger seines Vaters im Jahr 1643 und im Alter von fünf Jahren beschloss Ludwig XIV. erst im Jahr 1660 die ersten Umwandlungen des Schlosses von Ludwig XIII., im Jahr seiner Heirat mit Marie-Thérèse, Infante von Spanien. Von dieser Zeit an hörte Versailles nicht auf, eine vielumfassende Baustelle zu sein, und dies während der Herrschaft des Sonnenkönigs. Wurden die Pläne

>> Porträt von Ludwig XIII. von Peter Paul Rubens (1622-25)

>> *Statue des Sonnenkönigs Ludwig XIV. vor dem Grand Bassin*

des neuen Schlosses dem ersten Architekten Louis Le Vau anvertraut, so erhielt André Le Nôtre die Gärten und Charles Le Brun die Verzierungen. Das Projekt für die Vergrößerung des Schlosses seitens der Gärten durch eine «Steinverkleidung» wurde erst im Jahr 1668 angenommen.

Vier Jahre später, nämlich im Jahr 1672, wurden die Arbeiten am Appartement des Bains (der Bäder) und an der escalier des Ambassadeurs (Treppe der Botschafter) unternommen.

Eine neue Änderung wurde auf Initiative von Jules-Hardouin Mansart vorgenommen: im Jahr 1678 wurde die Terrasse auf den Gärten abgeschafft und durch die Galerie des Glaces ersetzt.

Le Nôtre plante den unermesslichen und fabelhaften Park. Dieses gewaltige Werk wurde zwischen 1661 und 1700 verwirklicht. Dickichte, Kanäle und Blumengärten kommen aus der Erde heraus, mit Statuen aus Marmor, Bronze oder Blei und mit Bassins mit tanzenden Fontänen ausgestattet.

>> *Kapellendom des Schlosses von Versailles*

Am 6. Mai 1682 kündigte der König Ludwig XIV. feierlich an, dass er die französische Regierung in Versailles einsetzen werde.

Versailles wurde dann zur politischen Hauptstadt, aber ebenfalls Schaufenster des Know-How der französischen Künstler und Handwerker. Im Laufe der Jahre änderte sich das Schloss. Es kamen l'aile du Midi (der Flügel des Mittags, 1678-1682), dann l'aile du Nord (des Nordens, 1685-1689), das Trianon und die im Jahr 1710 vollendete Kapelle ans Tageslicht. Am Tod von Ludwig XIV., am 1. September 1715 war das Schloss nichts anderes als ein vielseitiges von den Höflingen verlassenes Mauerwerk. Dieser Zustand dauerte nur während der Herrschaftsperiode.

Bei seiner Volljährigkeit im Jahr 1722 fand Ludwig XV. den Weg nach Versailles wieder, und der Hof ließ sich dort nieder bis zur Revolution. Umwandlungen, Veränderungen waren erneut das Los des Palastes. Die Appartements des Königs, der Königin und der Prinzen wurden modisch ausgestattet. Wenn das Appartement des Bains und die Escalier des Ambassadeurs leider zerstört wurden, entstanden dann der Salon des Herkules, die Oper und das Petit (kleine) Trianon.

> DAS CHÂTEAU-MUSEUM

Ludwig XVI. vollendete das Hameau (das kleine Dorf) der Königin im Jahr 1783. Von Beginn der Revolution an, das war am 6. Oktober 1789, verließ die königliche Familie Versailles nach Paris. Ludwig XVI. wird die Zeit nicht gehabt haben, die Projekte erfolgreich durchzuführen, die er für das Schloss zur Reife zu bringen hatte. Die Möbel wurden öffentlich versteigert. Gemälde, antike Kunstwerke und Edelsteine wurden in den Louvre transportiert. Die nationale Bibliothek erhielt die Bücher und die Medaillen.

Plans of Versailles and Paris in 1789.

Das Schloss wurde durch die Republik bewahrt. Es empfing dann ein Sammlung für Naturgeschichte, eine Bibliothek, ein Musikkonservatorium sowie ein «spezielles Museum der französischen Schule».

Das Imperium verkündete, Versailles werde wieder Residenz der Krone. Napoleon I. unternahm Restaurierungsarbeiten und wünschte, sich dort in der Sommerperiode niederzulassen. Die Geschichte erlaubte ihm dazu keine Möglichkeit.

>> Porträt des Königs Louis Philippe

Was seine Nachfolger auf dem Thron von Frankreich, die Brüder von Ludwig XVI., betrifft, nämlich Ludwig XVIII. und Charles X., werden sie das Verlangen nicht gehabt haben, sich wieder in Versailles niederzulassen.

Im Jahr 1830 wurde das Schloss von der Verswüstung bedroht und von Louis-Philippe «gerettet», der es in ein Museum umwandelte und es wurde im Jahr 1837 eröffnet, der «allen Ehren Frankreichs» im Sinne einer nationalen Versöhnung gewidmet war.

Die Instandsetzung dieses Museums bewirkte die Zerstörung der meisten Appartements der Prinzen und der Höflinge, insbesondere jener, die sich in den zwei Flügeln des Schlosses befanden.

Umgewandelt in ein Militärkrankenhaus während des Krieges von 1870 wurde das Schloss Sitz des preußischen militärischen und politischen Generalstabes. Das deutsche Imperium wurde im Jahr 1871 in der Galerie des Glaces verkündet.

Die Ereignisse der Kommune bewirkten, dass die französische Regierung sich in Versailles niederließ und am 30. Januar 1875 wurde die Republik im Saal der Oper verkündet, wo auch die nationale Versammlung sitzt.

 SCHLOSSBESICHTIGUNG

> DAS GROSSE APPARTEMENT DES KÖNIGS

«Und wie die Sonne die Devise des Königs ist, so hat man davon sieben Planeten genommen, um den Gemälden der sieben Teile dieses Appartements als Untertan zu dienen» (Félibien, 1674). Dieses

große Appartement rechtfertigt die Ehre des Sonnenkönigs. Dem Salon de l'Abondance (des Überflusses) entsprechend sind die Salons von Vénus, dann von Diane, von Mars, von Mercure und schließlich von Apollo, je einem Stern gewidmet. Deshalb wurde es zum Zeitpunkt der Konstruktion des neuen Schlosses das Appartement der Planeten genannt. Im Jahr 1710 wurde ein neuer Saal hinzugefügt, der dieses Mal einem Helden der Mythologie gewidmet war: Es ist der Salon von Herkules. Er ist geplant worden, um die Mahlzeiten bei Simon de Véronèse zu empfangen, das Ludwig XIV. 1664 (Restaurierung 1997) durch die Republik von Venedig angeboten wurde. Mit dem Überfluss seines Marmordekors durch die Qualität der gestochenen Bronzen des Schornsteins (das schönste im Schloss), wetteifert er mit der Galerie des Glaces. Die Decke, Meisterwerk des Malers François Lemoyne, die er zwischen 1733 und 1736 vollendete, stellt die Apoteose von Herkules dar, sie wurde kürzlich ebenfalls restauriert.

> Links, die Königskammer

> DIE GALERIE DES GLACES: ZU EHREN DES KÖNIGS

Das Meisterwerk von Versailles, die Galerie des Glaces, damit wurde 1678 begonnen, zum Zeitpunkt, als Versailles zur offiziellen Residenz wurde. Sie wird die Ordnung des Appartements der Planeten durcheinanderbringen. Nach der Unterzeichnung des Friedens von Nimègue, die den Höhepunkt der Herrschaft versah, befahl Ludwig XIV. Le Brun, auf dem Gewölbe der Galerie die Wohltaten seiner Regierung darzustellen. Der bedeutende Maler plante dreißig von Stucks umgebene Zusammensetzungen: Der Fürst erschien dort als römischer Kaiser, als großer Verwalter seines Königreichs und Besieger der ausländischen Kräfte. Die Galerie misst 73 m. Länge, 10,50 m. Breite und 12,30 m. Höhe. Sie wird im Norden durch den Salon de la Guerre (des Krieges) und im Süden durch den Salon de la paix (des Friedens) vervollständigt. Siebzehn Fenster, die sich zum Garten öffnen, entsprechen den siebzehn mit Spiegeln geschmückten Arkaden. Dieses Glas mit seiner außergewöhnlichen Dimension wurde in einer Pariser Fabrik hergestellt, die durch Colbert entstand, um mit den Produkten aus Venedig zu konkurrieren. Die Arkaden wurden durch Marmorpfosten getrennt, deren bronzevergoldete Kapitelle nach der durch Le Brun erdachten neuen «französischen» Ordnung mit Lilienblumen und gallischen Hähnen beschmückt wurden.

> DIE KAMMER DER KÖNIGIN

Sie sieht heute genauso aus, wie sie damals war, zum Zeitpunkt, als Marie-Antoinette im Jahr 1789 Versailles verließ. Um seiner Ehefrau Marie Leszczinska eine Freude zu bereiten, bestellte Ludwig XV. gegen 1730 die Holztäfelung im Rokokostil sowie die von François Boucher (1703-1770) bemalte Decke. Marie-Antoinette dagegen fand all dies unmodern und bemühte sich, die ganze Einrichtung zu erneuern und insbesondere die aus Flieder und Pfaufedern gewobenen oder gestickten Seidenstücke, die die Schlafkammer und das unermessliche Himmelbett zusammenspannten (Restaurierung im Jahr 1976).

>> *Die Königinkammer*

DIE TRIANON-SCHLÖSSER
UND LE HAMEAU (DAS DÖRFCHEN)
DER KÖNIGIN

Trianon ist der Name eines kleinen Dorfes, dessen Ursprung auf das Mittelalter zurückgeht. Im Jahr 1660 kaufte Ludwig XIV. die Grundstücke wieder und schloss sie mit dem Gebiet von Versailles zusammen.

> DAS GROß-TRIANON

Es befindet sich auf dem Baugelände des Dorfes von Trianon, das Ludwig XIV. abreißen ließ. Anstelle des aktuellen Palasts stand vorher ein erstes im Jahr 1670 von Louis Le Vau gebaute Schloss, das wegen seines fayenceblauen Dekors Porzellan-Trianon genannt wurde. Nach seinem Einsturz wurde er 1687-1688 durch das Grand Trianon ersetzt, das von Jules Hardouin-Mansart erbaut wurde. Es handelt sich um ein Gebäude italienischen Stils mit einem einzigen mit einer früher mit Skulpturen geschmückten Brüstung überwundenen Stockwerk. Es besteht aus zwei Flügeln, die durch eine Säulenhalle verbunden sind.

Völlig skandiert von Kolonnen und Pilastern aus rosa Marmor, daher stammt sein Name Marmor-Trianon, war es der Landwohnsitz von Ludwig XIV. Die Königskammer wurde zuerst im linken Flügel dann ab 1703 im rechten Flügel installiert, und zwar in der Nähe der Appartements von Madame de Maintenon. Der Grand Dauphin besetzte von nun an die alte Kammer des Königs, die königliche Familie wohnte im Flügel von Trianon-sous-Bois, dem einzigen Teil des Gebäudes, das ab 1705 ein Stockwerk besaß.

Etwas verlassen im XVIII. Jahrhundert, auch wenn es von der Königin Marie Leczinska bewohnt, dann für Ludwig XV. und Frau de Pompadour neumöbliert wurde, gab Napoleon seiner Mutter das Grand Trianon im Jahr 1805, dann wurde es im Jahr 1810 vom Kaiser selbst besetzt. 1836-1838 gestaltete es Louis-Philippe ein letztes Mal für seine Familie um. Bei dieser Gelegenheit entstand die Kapelle, die mit Malereien aus dem XIX. Jahrhundert geschmückt wurde. Ein letztes Zimmer wurde 1845 für die Königin der Belgier, des Königs Tochter, eingerichtet.

Als offizieller Wohnsitz der Präsidenten der Republik seit dem General de Gaulle ist das Groß-Trianon - seine Holztäfelung aus der Zeit von Ludwig XIV. bewahrend- in den sechziger Jahren mit Möbeln des Imperiums und Louis-Philippe neueingerichtet worden, während die von Ludwig XIV. bestellten Malereien ihre Plätze wiedergefunden haben. Sie behandeln, Geleitet von den Metamorphosen von Ovide, mythologische Themen (Geschichten über Herkules, Io, Minerve), die den Namen der Schüler

von Le Brun Ruhm erweisen:
Verdier, Houasse, La Fosse,
Coypel, Jouvenet.

Zahlreiche ausländische
Gäste sind durch Frankreich
im Groß-Trianon empfangen
worden: Die Königinnen aus
England und den
Niederlanden, der Schah des
Iran, die amerikanischen
Präsidenten Carter und
Reagan, die russischen
Präsidenten Gorbatschow
und Elstine.

> DAS KLEIN-TRIANON

Um die Zusammensetzung des französischen Gartens zu vollenden,
schlug die Markise von Pompadour Ludwig XV. die Konstruktion
dieses kleinen Schlosses vor, dessen Fassade an jene von Trianon-sous-
Bois erinnern lässt.

Das Klein-Trianon, gebaut von 1761 bis 1768 durch Ange-Jacques
Gabriel, stellt einen Originalplan vor. Aufgrund der Topographie des
Geländes befinden sich seine Küchen auf derselben Höhe, wie die
Ehrentreppe, obwohl sie unterirdisch sind. Bewegliche Tafeln, die in den
Sälen des ersten Stockwerkes dienen sollen, waren vorgesehen worden,
aber wurden nicht erstellt. Die Kapelle war erst im Jahr 1774 vollendet.

Ludwig XV. entwickelte hier seinen Geschmack für die Botanik, so dass
er sich zu diesem Thema eine Bibliothek schaffte. Frau Du Barry war
die erste, die von diesem neuen Schloss in vollem Umfang profitierte.
Am Tod des Königs im Jahr 1774 machte Ludwig XVI. davon Spende
an seiner Ehefrau Marie-Antoinette. Diese lebte als einfache
Schlossdame in dieser vom Hof entfernten Umgebung, umgeben von
ihren Freundinnen Madame de Polignac und Madame de Lamballe.
Sie spielte viel Billard und Back gammon, verlor viel Geld und ließ
ein Theater bauen, in dem sie in Theaterstücken von Sedaine oder
Beaumarchais auftrat. Auch beim Versuch, sich zu isolieren, ließ sie
vor den Fenstern ihres Boudoirs, der alten Kaffeeecke von Louis XV.,
Schiebefenster einbauen. Die Gärten waren ihr festes Anliegen. Von
1774 an unternahm sie die Errichtung des englisch-chinesischen

Gartens und gab dort den Übergangsfürsten, ihrem Bruder Joseph II., dem deutschen Kaiser, Gustave III., dem König von Schweden kostbare Feste.

Unter dem Imperium war das Klein-Trianon der Wohnsitz von Napoleons Schwester Pauline Borghèse, dann von der Kaiserin Marie-Louise. Im Jahr 1867 brachte dort die Kaiserin Eugénie eine Kollektion von Gegenständen auf, die Marie-Antoinette gehört hatten, was den Beginn des Mythos kennzeichnete, der um die Königin gepflegt wurde.

> DER HAMEAU DER KÖNIGIN MARIE ANTOINETTE

Der Sinn für die Natur aus England war in Frankreich von Jean-Jacques Rousseau in Mode gestellt worden. Die Königin wollte ihr eigenes Dorf haben, wo sie die Hirtin spielen konnte. Richard Mique baute den Hameau zwischen 1783 und 1785, inspiriert von Zeichnungen des Malers Hubert Robert. Zwölf Hütten wurden ursprünglich um den Grand Lac gestellt (drei wurden abgerissen). Die Königin besaß ihr eigenes Haus, das durch eine Holzgalerie mit dem Billard verbunden ist, oberhalbdessen Mique sich ein Appartement eingerichtet hatte. Auf den Treppen standen Fayenceblumentöpfe von Saint-Clément mit dem Zeichen der Königin versehen. Etwas entfernt hielt sich der Bauernhof, woher die Königin die Milch erhielt, die man ihr in der Laiterie de propreté (Reinheitsmolkerei) servierte, am Fuß des Fischereiturmes oder des Turmes von Marlborough, erste Konstruktion von Hameau.

Wenn sich die Vertrauten, die Marie-Antoinette in diesem kleinen Dorf aufforderte, amüsierten, den Hirten zu spielen, genossen sie dort auch den größten Luxus. Die Scheune (zerstört) diente als Ballsaal, und man fand sogar ein Boudoir in der Nähe des Hauses der Königin. Mehrere vorgesehene Konstruktionen wurden nicht vollbracht: Der Pavillon de Solitude (der Einsamkeit) ist ein falscher Ruin sowie ein ausgedehntes rechteckiges Bassin.

Unter dem Imperium wurde das Hameau für die Kaiserin Marie-Louise neumöbliert.

DIE GÄRTEN VON VERSAILLES UND VON TRIANON

Der Park von Versailles ist der Urtyp des gleichmäßigen Gartens, der nach einem streng architektonischen und geometrischen Plan gebaut wurde. Der wesentliche Grundsatz besteht darin, die Zugänge der Paläste freizusetzen, um die Geometrie der Gärten an den Richtlinien der Architektur zu verbinden. Die sehr zurückgedrängten Baummassive bilden den Hintergrundrahmen einer überaus weiten Perspektive.

Das Gebiet von Versailles und von Trianon setzt sich aus drei verschiedenen Teilen zusammen:

~ Dem Garten

~ Den Bosketts, Übergangsarchitekturen zwischen den Parterres und den großen Bäumen, die den Horizont versperren. Die Dickichte stellen einen Spaziergangs- und Unterhaltungsort dar.

~ Dem Wald, wodurch breite geradlinige Alleen und sternförmige Kreuzungen führen, eingerichtet für die Hetz- oder Schießjagd.

> DER GARTEN

Ludwig XIV. mochte die Gärten von Versailles ebenso sehr wie, und vielleicht mehr als das Schloss. Persönlich leitete er fast bis zu seinem Tod deren Führung, ging oft dorthin spazieren, begleitete dort angesehene Gäste und ausländische Botschafter.

Im Jahr 1661 beauftragte er André Le Nôtre (1623-1700) die Gärten anzubauen und zu nutzen. Die Arbeiten wurden direkt vor den Baustellen zur Vergrößerung des Palastes von Ludwig XIII. unternommen. Dieses gewaltige Unternehmen dauerte mehrere Jahrzehnte.

Ludwig XIV. führte dort den Rahmen kostbarer Feste und gegen das Ende seines Lebens arbeitete er einen Weg aus, durch den er die «Art, die Gärten von Versailles zu zeigen» angibt.

André Le Nôtre arbeitete nicht allein: Jean-Baptist Colbert (1619-1683), leitete das Gesamtprogramm; Charles Le Brun (1619-1690) entwarf einer großen Anzahl von Statuen und Brunnen; ein wenig später ordnete Jules Hardouin-Mansart mehr und mehr nüchterne Dekors und entwarf die erste Orangerie von Le Vau, sogar in doppelter Größe. Schließlich ließ sich der König selbst alle Projekte vorlegen und erkundigte sich nach «allen Einzelheiten».

Die Errichtung der Gärten verlangte bis dahin eine ungleichmäßige Arbeit. Gewaltige Erdetransporte waren notwendig, um die Parterres, die Orangerie, die Bassins und den Kanal dort einzurichten, wo es nur Hölzer, Wälder und Sümpfe gab. Die Erde wurde mittels Schubkarren transportiert, die Bäume wurden auf Wagen aus allen Provinzen Frankreichs weggebracht; Tausende von Männern und manchmal ganze Regimente nahmen an diesem grandiosen Unternehmen teil.

Eine echte grünpflanzliche Architektur setzt die Vornehmlichkeit und die Perspektiven des Schlosses fort, die Gärten von Versailles entstanden in dem Sinne, die Kunst und die Natur zu vereinigen. Gebaut nach einem streng architektonischen und geometrischen Plan rangieren sie sich um zwei große Achsen, die sich in einem rechten Winkel auf der Ebene der Terrasse schneiden, und zu einer ausgedehnten Perspektiven führen:

~ Die Nord-Süd-Achse vom Neptune-Bassin bis zum Teich des Suisses.

~ Die Ost-West-Achse von der Fassade der Galerie des Glaces bis zum Ende des Groß- Kanals. Es ist die Hauptperspektive von Versailles, die Le Nôtre ans Unendliche erschlossen hat. Sie führt den Blick bis zum Horizont und misst von der Fassade des Schlosses bis zum Gitter des Parks 3200 Meter.

> DIE DICKICHTE

Auch Grünkabinette genannt, die Dickichte von Versailles haben vom Zeitalter von Ludwig XIV. an bis zum Ende des alten Regimes gedient, wie die Freiluftsalons, die inmitten des bewaldeten Raumes im kleinen Park verborgen wurden.

Wesentlicher Bestandteil der Gärten von Versailles sind abwechselnd: Säle, Kabinette, Theater, Galerien. Man sprach ebenfalls von Spiegeln, um die Bassins, die Rasenteppiche, und Ausschmückungen zu bezeichnen. Einige Dickichte wurden mit Büfetts, mit Tafeln und sogar mit pflanzenreichen Decken ausgestattet.

Somit ist ein echtes Freiluftschloss als Ausdehnung des Schlosses aus Stein gebaut worden.

Die Dickichte waren Orte von Festen und von Unterhaltungen, wo Ludwig XIV. seine Spiel- und Schauspiellust zufriedenstellen konnte.

Heute sind von den vierzehn Dickichten nur noch fünf in gutem Zustand und offen für die Besichtigungen.

> Die Gärten des groß-Trianon

Obwohl sie keinen symbolischen Ausstrahlungssinn wie jene von Versailles besaßen, mussten die Gärten groß-Trianon in den Augen von Ludwig XIV. eine wesentliche Rolle spielen. Offen an allen Seiten musste dieser «Florapalast» der gezähmten Natur des Parks französischer Art angepasst sein, der vom Gärtner Le Bouteux entworfen wurde, dem Neffen von Le Nôtre,.

Zwei Parterres steigen nach und nach stufenförmig an: Der Jardin Haut (Hoher Garten), markiert von zwei durch Girardon mit Kindern geschmückten Bassins; Der Jardin Bas (Niedriger Garten) mit einem durch Marsy geschmückten Bassin. Die zentralachse führt zum mit Drachen geschmückten Plat-Fond, die auf Hardy zurückzuführen sind.

Rechts dehnt sich eine Sprosse aus, an deren Eingang sich das Buffet d'Eau (Wasserbüfett) befindet, das durch Hardouin-Mansart im Jahr 1703 am Ort der Kaskade des ersten Trianon gebaut wurde. Als einziges Bassin mythologischen Themas in diesem Garten wurde es mit Skulpturen von Mazière, Poirier, Lorrain, Hardy und Van Clève geschmückt, mit Neptune und Amphitrite als zentrales Thema. Der Rückweg in Richtung Flügel von Trianon-sous-Bois wird durch den Salle Verte (grünen Saal) durchgeführt, gefolgt vom überwundenen Erdgeschoss vom Salle des Antiques (Saal der Antike), der mit Büsten geschmückt wurde. Zwischen der Galerie und diesem Flügel dehnte sich früher der Jardin des Sources (Garten der Quellen) aus, heute entstellt, der an die Parks englischer Art vom XVIII. Jahrhundert erinnert. Schließlich befindet sich hinter dem rechten Flügel der Jardin du Roi (Garten des Königs), ein mit einem durch Tuby geschmückten Bassin privater Garten. Seitens Grand Canal, am Fuß des Salons des Glaces hatte der König die ganze Fläche mit Orangenbäumen gepflanzt.

Ludwig XIV. wollte, dass dieser Garten mit den seltensten Blumen geschmückt werde. Hyazinthen, Giroflées, Véroniques, Œillets, Lilie und Coquelourdes dufteten dermaßen, dass der König, nach den Aussagen von Saint-Simon, eines Tages seinen Garten verlassen musste. Le Bouteux hatte ein System für die Pflanzung in Töpfen ausgearbeitet. Diese erlaubten, die Massive schnell auszutauschen. Ungefähr eine Million Töpfe waren notwendig, um diesen Garten, sogar während des Winters, erblühen zu lassen.

> DER FRANZÖSISCHE GARTEN

Ludwig XV., der sich im groß-Trianon niedergelassen hat, beschloss unter dem Druck von Frau de Pompadour, eine Menagerie zu bauen, einen kleinen von Gemüse- und Obstgärten umgebenen Bauernhof mit Kühen, Schafen, Geflügeln, der an Le Hameau von Marie-Antoinette erinnert. Der Architekt Ange- Jacques Gabriel fügte dort einen Garten mit Einrichtungen bei, um dort die geernteten Produkte zu kosten. 1749-1750 wurde der Pavillon Français, dann der Salon Frais im Jahr 1753 gebaut. Ein Zaundekor vollendet die Wertschätzung dieses kleinen Gartens, innerhalb dessen sich ein Bassin mit der Bezeichnung Evergreen befindet.

Der Entwurf des französischen Gartens wurde nach und nach von Gärtner Belleville in Ordnung gebracht. Seine Vollendung fiel mit der Konstruktion des Klein-Trianon von 1761 bis 1768 zusammen. Ludwig XIV. entwickelte seinen Geschmack für die Botanik und die Landwirtschaft, so ließ er heiße Gewächshäuser bauen und einige Blumen und seltene Pflanzen anbauen, wie Ananas, Kaffeebäume, Kakteen, die von den Gärtnern Claude und Antoine Richard gepflegt und durch Jussieu geprüft wurden. Ab 1774 ließ die Schaffung des englisch-chinesischen Parks durch Marie- Antoinette leider den botanischen Garten des Königes verschwinden.

Unter Napoleon war groß-Trianon mit dem französischen Garten durch eine kleine Brücke verbunden, die einen hohlen Weg überspannt.

> DER ENGLISCHE GARTEN

Marie-Antoinette wünschte, ihr Landhaus zu haben, so ließ sie sich klein-Trianon durch Ludwig XVI. anbieten. Von 1774 an appellierte sie an den Architekten Richard Mique dessen erstes Unternehmen, nämlich die Schaffung eines Ringsspiels mit einer Galerie im hinteren Teil des Schlosses war, an der Stelle des botanischen Gartens von Ludwig XV. (1776).

Umgebend mit den Ansichten des Grafen von Caraman, gut unterstützt von ihrem Architekten, ihrem Intendanten Bonnefoy du Plan und von ihrem Gärtner Claude Richard, ließ die Königin gewaltige Erdarbeiten durchführen, um einen englisch-chinesischen Stilgarten, also à la Mode, mit Fabrikzeichen versehen, zu schaffen. Am Beispiel vom Marquis de Girardin mit dem Schloss von Ermenonville, vom Herzog d'Orléans mit Monceau-Park in Paris, ließ Marie-Antoinette nach und nach den Tempel der Liebe (1778), den sie von ihrem Zimmer im klein-Trianon aus beobachtete, die Grotte und den Salon du Rocher (des Felsens) oder Belvédère (1778-1779), bauen. Diese Konstruktionen wurden auf künstlichen Felsen und Leitinseln installiert, in deren Mitte ein Strom fließt. Weiter entfernt und um den großen See (Grand Lac) herum ließ die Königin von 1783 bis 1785 zur Vollendung ihres Projekts, Le Hameau bauen, ein kleines Traumdorf mit der Geschmacksart einer idealen Natur.

DIE KULTURELLEN PROGRAMME

>> Zusätzlich zu Vorstellungs- und Werkstätte- Besichtigungen (besonders für die junge Öffentlichkeit bestimmt) kommen auch die Vorstellungen in Musik sowie eine ehrgeizige kulturelle politische Vorstellung mittels Schauspiele und Animationen hinzu.

>> Der Automne Musical (musikalische Herbst) des Schlosses Versailles, vom Zentrum für Barockmusik von Versailles organisiert, bietet Barock-Konzerte und -Opern dar.

>> Die musikalischen Donnerstage der königlichen Kapelle, vom Zentrum für Barockmusik von Versailles organisiert.

>> Die Grandes Eaux Musicales (großen Wasser-Musikspiele) von April bis Oktober sowie die großen Nächtlichen Wasserspiele im Juli.

>> Die Nachtfestspiele auf dem Neptune-Bassin in August und September.

>> Andererseits werden regelmäßig zeitweilige Ausstellungen organisiert. Man kann unter anderem «Les Tables Royales» (die königlichen Tafeln), «Topkapi in Versailles», «Jean- Marc Nattier», «Frau de Pompadour und die Künste» und «die Tiere von Oudry» zitieren. Im Jahr 2004 stellte das Schloss Versailles «die Herrschaft von Kang Xi», «Houdon, Bildhauer der Lichter» und «Maurice Quentin de La Tour, der Seelendieb» vor.

DAS KAROSSEN-MUSEUM

Installiert seit 1985 im großen Stall vom Schloss Versailles, wird im Karossen-Museum eine vom König Louis-Philippe bestehende Kutschenkollektion gesammelt, die im Museum erfolgen soll, die «allen Ehren Frankreichs» gewidmet ist. Diese Kutschen datieren hauptsächlich aus dem XIX. Jahrhundert.

Die gewölbte Galerie des großen Stalls erlaubt, Förderwagen aufzudecken, die von der Hochzeit von Napoleon I. datieren, sieben Gala-Kutschen des Kaiserhofes, die Krönungsstaatskutsche von Charles X. und den Trauerpanzer von Ludwig XVIII.

Das einzige, was aus dem alten Regime übrig blieb, sind: Sechs Schlitten, Trägerstühle und der Förderwagen von Dauphin, die zu dauphin Louis de France (Ludwig XVII.), gestorben im Jahr 1789, gehört haben.Während der Revolution besetzten mehr als 2000 Kutschen die königlichen Ställe.

PRAKTISCHES VERSAILLES

>> WIE MAN ZUM SCHLOSS VERSAILLES GELANGT

SNCF : Versailles Chantiers *(Abfahrt Paris:Montparnasse).*
Versailles rive droite *(Abfahrt Paris: Saint-Lazare).*

RER : Versailles rive gauche *(Abfahrt Paris: Linie C).*

LINIENBUS 171 : Haltestelle Versailles place d'Armes *(Abfahrt: Pont de Sèvres).*

PARKPLÄTZE : Reisebusse und -Autos: Places d'Armes, Petite Venise, (Grand Canal) Groß-Trianon; Klein-Trianon.

>> PRAKTISCHE INFORMATIONEN

Das Schloss:
Täglich offen, außer montags und bestimmten Feiertagen, oder bei offiziellen Zeremonien.
1. April - 31 Oktober: Von 09.00 Uhr bis 18.30 Uhr, *(letzter Einlass: Um 18.00 Uhr).*
1. November - 31 März: Von 09.00 Uhr bis 17.30 Uhr, *(letzter Einlass: Um 17.00 Uhr).*

Groß-Trianon und Klein-Trianon:
Täglich offen, außer an bestimmten Feiertagen.
1. April - 31 Oktober: Von 12.00 Uhr bis 18.30 Uhr, *(letzter Einlass: 18.00 Uhr).*
1. November - 31 März: Von 12.00 Uhr bis 17.30 Uhr, *(letzter Einlass: 17.00 Uhr).*

Das Karossen-Museum:
Samstags und sonntags geöffnet, nur während der sommersaison.
Auskünfte unter 01 30 83 77 88.

Der Garten Versailles und die Dickichte:
Eintrittspflichtig während der Saison: Vom 1. April bis 31. Oktober, von 9.00 Uhr bis 18.30 Uhr.
Eintrittsfrei nach 18.30 Uhr. Freier Zutritt vom November bis März.

Der große Park:
ist den Fahrzeugen durch das grille de la Reine (Gitter der Königin), das grille des Matelots (Gitter der Matrosen) und die Porte Saint-Antoine zugänglich. *(Öffnungszeiten: 8.00 Uhr im Winter, 7.00 Uhr im Sommer und Schließung bei Sonnenuntergang).*

Telephon: 01 30 83 77 88.
Internet-Adresse: http://www.chateauversailles.fr

11. STECKE

DISNEYLAND RESORT PARIS

Disneyland Resort Paris, erstes Reiseziel in Europa mit mehr als 12 Millionen Besucher pro Jahr, lässt Sie einen Traumaufenthalt in einer märchenhaften Welt erleben.

In diesem Ort außerhalb der Zeit, der von Magie erfüllt ist, teilen Kleine und Große starke Gefühle, großes Vergnügen und zarte Schauder im Park Disneyland, im Park Walt Disney Studios und im Disney Village.

Die Disney-Parks

Der Disneyland Park
« Kommen Sie ins Universum der Feen-Erzählungen herein... »

Der Disneyland Park zelebriert den Abenteuergeist, die Spannung des Unwirklichen und das Entdeckungsvergnügen. Dieser 56 Hektar große Park bietet fast vierzig Attraktionen und Schauspiele, Paraden, Zusammenkünfte mit berühmten Disney- Persönlichkeiten, Restaurants oder Schnellimbisse sowie einen Geschäftsbereich mit magischen Einrichtungen. Ausgestattet mit kostbaren Dekors ist der Disneyland-Park ein märchenhafter Entfremdungsort.

Der Walt Disney Studios Park
« Willkommen in der Magie der Kulissen ! »

Er liegt neben dem Disneyland Park und bietet den Besuchern einen vollen Unterhaltungstag und stellt eine interaktive Entdeckung «der Kinokulissen», der Animation und des Fernsehens dar. Zum Bild eines echten Kinostudios entworfen, zählt der Park vier «Produktionszonen», spektakuläre Attraktionen und unveröffentlichte Schauspiele. Er ist ein wahrer Blick hinter die Kulissen vermischt mit einem schwindelerregenden Eintauchen in den Kernpunkt der Aktion!

Die Disney-Parks

Disney Village

Ist eine echte Verbindung zwischen dem Disneyland Park und den Hotels in der Gegend. Disney Village bietet den Besuchern ein außergewöhnliches Unterhaltungsangebot: Restaurants und Bars, einen Nacht-Club, Läden, ein ständiges Schauspiel: Die Legende von Buffalo Bill, ein «cinéplex» Gaumont von 15 Sälen. Disney Village ist einer der großen Unterhaltungspole der Pariser Region, deren Reiz durch neue Entwicklungen oder durch den Erfolg der verschiedenen Festivals, wie beispielsweise das Latina-Festival oder das keltische Festival, unaufhörlich verstärkt wird.

Die sieben Hotels Disney

Einige Schritte von den Parks à Thèmes und vom Disney Village entfernt, erlauben die sieben Hotels Disney (Disneyland Hotel, Disney's Hotel New york, Disney's Newport Bay Club, Disney's Sequoia Lodge, Disney's Hotel Cheyenne, Disney's Hotel Santa Fe und Disney's Davy Crockett Ranch) die Unterhaltung und den Traum zu verlängern und die Magie Tag und Nacht zu erleben. Man profitiert dabei von exklusiven Vorteilen, wie vom kostenlosen Pendelverkehr zu den Parks, vom kostenlosen Parkplatz, vom Disney-Express, der den Transfer Ihres Gepäcks vom Zug ins Hotel übernimmt, von den Disney- Geschäften oder auch vom Besuch bei den Persönlichkeiten. Es sind ebensoviele Orte, die dank deren Thematiken für die Entfremdung günstig sind.

Das Golf Disneyland

Wenige Kilometer von den Disney Parks entfernt, ist das Golf Disneyland das ganze Jahr über täglich offen. Er bietet den Golfspielern eine Spielbahn von 27 Löchern. Die Spielbahn ist für Spieler jeglichen Spielniveaus, vom Einsteiger bis zum Profispieler, geeignet. Der Architekt Ronald Fream hat die langen par 5 mit «doppelten fairways» für eine bessere Einstellung des Schwierigkeitsgrads ausgestattet. Die erfahrenen Golfspieler finden so immer neue Herausforderungen aufzugreifen, ohne dass die Anfänger durch unüberwindliche Hindernisse entmutigt werden.

Disney's Ranch Davy Crockett
« ein Trapperdorf inmitten eines Waldes von 57 Hektar »

Eigenständige Urlaubsbestimmung, der Disney's Ranch Davy Crockett, das Trapperdorf ist sowohl den Besuchern der Disney Parks als auch den Familien das ganze Jahr offen, die von einem Aufenthalt nur in der Natur und inmitten eines Eichenwaldes profitieren möchten: Es stehen auf dem Programm individuelle Bungalows aus Rundholz, tropisches Schwimmbad, sportliche und erzieherische Aktivitäten, Ateliers für die Kinder und lebhafte Abende ●